老子在讲什么

喻鹏飞◎著

湖南人民出版社·长沙

序

《史记卷六十三·老子韩非列传第三》载："老子者，楚苦县厉乡曲仁里（今河南省鹿邑县）人也，姓李氏，名耳，字聃，周守藏室之史也。"公元前 516 年，在周王室内部的权力争斗中，贵族王朝失败，老子带着一些典籍出逃。自此，他再无"藏室"可管，骑着青牛，离开东周来到函谷关，在镇守函谷关的周大夫尹喜的盛情邀请下，住了些时日，与众人交流思想，独抒己见，其言谈要旨被后人整理成《老子》上、下两篇。

《老子》被誉为"万经之王"，　是道家、道教的最高经典。从古到今，注解《老子》的书籍汗牛充栋：或以儒解老，或以佛解老，或从治国理政来解老，或从权谋运用来解老。各行各业，各类人群，都可从中得到启示。

《老子》又称《道德经》。《道德经》在中国的哲学思想、施政理念、军事战略、人文伦理等诸多领域，都被视为经典名著，它的哲学内容主要有三个方面：

第一，关于宇宙观。《老子》在第一章开宗明义地说："道可，道非，常【恒】道；名可，名非，常【恒】名。无名，万物之始；有名，万物之母。"老子心目中的宇宙起源就是"道"。道是万物的根本，是万物的共生状态，是视之不见、听之不闻、抟之不得的客观存在。道无始无终、无头无尾、无形无状，无处不在。"道生一，一生二，二生三，三生万物"（第四十二章）。

第二，关于人生观。老子的人生观有两个基本点：一是贵身自养，摄生修行；二是柔弱不争，致虚守静。老子主张顺应自然，祛病延年："人法地，地法天，天法道，道法自然"（第二十五章）、"见素抱朴，少私寡欲"（第十九章）、"为无为，事无事，味无味"（第六十三章）。

第三，关于社会观。他主张顺应民心，符合天道，处无为之事，行不言之教。他认为治理天下和管理某个机构的最高原则是"无为而治"。 "道常【恒】，无为而无不为。侯王若能守之，万物将自化"（第三十七章）、"不言之教，无为之益，天下希及之"（第四十三章）、"我无为，而民自化；我好静，而民自正；我无事，而民自富；我无欲，而民自朴”（第五十七章）、“有德司契，无德司彻”（第七十九章）。

老子思想中最大的闪光点是朴素的辩证法。他观察到宇宙间的万事万物都存在着互相矛盾的两个对立面。“有无相生，难易相成，长短相形”（第二章），世间万物有阴阳、刚柔、强弱、兴废等分别。他还发现对立的事物能够向其相反的方向转化，如“物壮则老”“兵强则灭”“木强则折”“祸兮福之所倚，福兮祸之所伏”“强梁者不得其死”。

《道德经》对中国乃至世界的影响可谓无与伦比。它对中华文化的不断传承，对中国思想史的不断发展，发挥了不可替代的作用。在中国几千年的历史里，每个朝代的鼎盛时期，无一例外地采纳道家思想。“内用黄老，外示儒术”。《道德经》的影响不仅时间久、历史长，而且领域广、方面多。在宗教上，它是道教的开山之作；在修身方面，“功成身退”是文人入世的信条；在军事方面，“善为士者不武”“以柔克刚”“哀兵必胜”是军事家们奉行的准则；在艺术方面，“道法自然”是书法家、绘画家、诗人长期遵循的理念；在文学方面，《道德经》的语言精练优美，妙语巧喻、格言警句比比皆是，处处闪烁着哲人智慧和智者哲理。老子关于“道”

的哲学理念，为后人修身、治国、平天下提供了重要方法。

《道德经》引导人们突破眼前狭小空间的限制，把思维拓展到无边无际的宇宙，启示人们无拘无束地去探索未知世界。《道德经》言近旨远、力透纸背的文言特色，条分缕析、纲举目张的寓意内涵，成就了其名冠中国乃至世界哲学文学史的重要地位。《道德经》中言语之间彼此限定衔接的述说方式，使每一个词语在其整体的相互联系中发挥着不可替代的契合作用，并表现出巨大的潜力与容量。《道德经》自问世以来，人们对其思想内涵的讲解和阐释层出不穷，极大地丰富了其研究体系。其“无欲”“无为”“不争”“尚贤”等人生观、世界观无不受到解读者的充分关注，在中华文化的长河中熠熠生辉。在人类文明的进程中，《道德经》有如指引大海航行的罗盘，有如驱赶黑暗的火炬，受到全世界的推崇。正如英国科学家、汉学家李约瑟博士说：“中国如果没有道家，就像大树没有根一样。”在全球化日益推进、文化冲突不断激化的当今世界，了解《道德经》，品读《道德经》，吸取其哲学思想的精华，具有巨大的现实意义和历史意义。

老子生活的时代，汉字数量有限，文献中假字、别字、代用字较多。《道德经》成书后，后人誊抄转录时误写、错写难免。

此外，世传本《道德经》还有一则这样的故事：汉文帝刘恒（前202—前157，汉高祖刘邦第四子，在汉高祖镇压陈豨叛乱后，被封为代王，后迎立为帝）对《道德经》推崇备至，研读不已。他不仅自己熟读，还要求王公大臣们都得诵读。尽管汉文帝在《道德经》上下了不少功夫，可还是有些地方弄不明白，也不知谁人可以给予指点。他四处寻访，听说在山东琅琊天台山下的河岸上，有位修仙得道的“河上真人”（即河上公），传说他精通《道德经》，就派人去拜访并请教。可河上公对文帝派去的使者说：“道尊德贵，这么严肃的事情怎么能通过别人来代问呢？”于是，文帝驾临河上公的茅庐，当面向河上公请教。但两人见面时，文帝心有不甘，坐在车上对河上公说：“《诗经》上讲过，普天之下，莫非王土，率土之滨，莫非王臣。老子也说过，道大、天大、地大、王亦大。君王属于这‘四大’之一。你即使有道行，可还不是我的子民吗？为何这么自高自大，不将君王放在眼里呢？”河上公听完文帝的质问，就拍掌坐着，腾空而起，稳悬空中，离地数丈之高。河上公俯身对刘恒说：“我上不着天下不着地，中又不为人所累，怎么能算是你的臣民呢？”

听罢河上公的话，文帝心知已遇高人，马上下车向河上公跪拜：“我实在是无德无才，承蒙祖上福荫，才继承了帝业，我才疏学浅，深忧难堪重任；我一心向道，又难以明了经书的真义，祈望您能给予我教诲。”河上公见刘恒确有诚心，将两卷经书授予刘恒，并对刘恒说：“回去后，好好研读，你所有的疑问都会迎刃而解。这两卷经书，只传了三人，你是第四个，切记，万不可示与他人。”说罢，云雾迷茫，天地昏暗，河上公在原地消失。

汉文帝在位时遵循“无为而治”的理念，继续实行汉初“与民休息”的政策，减轻田租（地税），省约刑罚、赋役，鼓励农业生产，使社会经济很快得到恢复和发展。并采取贾谊建议，削弱诸侯王的势力，巩固中央集权，社会秩序比较安定，封建国家开始呈现富庶景象。史家将他与景帝统治时期并称“文景之治”。

世传本《道德经》大多源于河上公。由于封建社会的文书要避当朝皇帝名字之讳，书中“恒”字被易为“常”字。此后两千多年，《道德经》版本百出，参差不齐，注者如云，互有同异。这好比黄河之水，始于清，终于浊，不足为奇。

本书在河上公传世本的基础上，参照湖南省长沙市马王堆汉墓出土的帛书、湖北省荆门市郭店村出土的竹简，对世传本因避讳而易“恒”为“常”的字，在“常”字后采用“【 】”予以正示；对极个别疑为遗漏的文字采用加“（）”的方式予以补录。在恢复原状并尊重世传本《道德经》体例的基础上，对第一章等少数章节有不同于世传本的标注，系出于对原文没有标点符号这一客观事实的尊重，出于对原文哲学理念的把握，出于对原文主题思想的体会，出于对原文所述前后一致的理解。同时，就有关话语的阐述，在尽量尊重老子原意的基础上作了一些猜想、臆想和联想。笔者所为，惟寻原旨于十一，实有悖于先人大德，诚惶诚恐。这不是笔者不恭，实为笔者初觉；绝非标新立异，只为探究老子的初衷。在品读的过程中，有些顺藤摸瓜的感慨，有些触景生情的描述，有些拨云见日的顿悟，也有些在深水中捉到一条大鱼的快意。知罪由人，但求思考。

喻鹏飞

2021 年 11 月

目录

第一章

道[1]可，道非，常【恒】[2]道。名[3]可，名非，常【恒】名。无名[4]，万物之始；有名[5]，万物之母[6]。故，常【恒】无欲[7]，以观其妙[8]；常【恒】有欲，以观其徼[9]。此两者，同出而异名，同谓[10]之玄。玄[11]之又玄，众妙之门[12]。

注释

[1] 道：指的是宇宙的本原和实质，引申为原理、原则、真理、规律等。

[2] 常【恒】：有永久、持久、平常、经常、普通等义。

[3] 名：指能用语言表示出来的事物，代指“道”和“道”以下万物的名称。

[4] 无名：没有语言表示出来的事物状态。

[5] 有名：运用语言表示出来的事物状态。

[6] 母：母体，根源。

[7] 欲：有针对性的选择或有目的性的安排。
[8] 妙：微妙的意思。
[9] 徼（jiǎo）：边际、边界、踪迹。引申为端倪或精细处。
[10] 谓：称谓。
[11] 玄：深黑色，有玄妙深远的含义。
[12] 门：一切奥妙变化的门径，比喻探索宇宙变化的渠道。

【老子说】

道，是人类关乎宇宙起源和发展的认知概念，是先于天地的客观存在，可以认识，可以记录，可以描述，可以遵循，但不可能认识得准确，不可能记录得清楚，不可能描述得完整，不可能遵循得周全。不管人们对道有怎样的认识，道永恒地、客观地、完整地、明显地在那里运行宇宙间万事万物，在人类诞生以前没有名称。名称不是来源于事物的本身，而是源于人类建立的思想认识模型。对这个客观存在，名道可以，不名道也可以。世间的事物先于人类而客观存在。人类为了感知和应用方便，就开始为不同的事物取名。取了第一个名，就相应地产生第二、第三个名。因此，有名是记载万物的开始。名就像母子关系一样，子子孙孙，绵延不绝。所以，有名是万物之母。无名是宇宙的本来状态，有名无名它都是那个状态。名，是人类为了方便认识宇宙而记载着的概念。有了名，就方便区别万物、认识万物，并进一步探索万物的变化规律。人们所分析和观察的对象，不管它无名还是有名，它都是那个对象。按照传统习惯和沿用的认知方式，不带任何目的和要求，打开无名的思路之门，把无看作一个整体，从宏观上看，能看到万物的生成毁灭之美妙；若为分析或推测事物发生发展的因由和规律，打开有名的思路之门，对某一个具体的事物从微观上看，能看到某个事物细微之处、变化规律及其本质。无名也好，有名也罢，本质上没有什么不同，若要深入探讨，摸清其生成、发展、变化的不同规律，就必须打开无（整体）和有（个体）的差别之门，从不同的途径和角度观察其万变不离其宗的美妙。

【品读】

本章提纲挈领，点明老子要阐述的是对“道”的感知、认知、体验和思想感悟。世界的本源无从探讨，也不是老子要探讨的内容。但为了认识自然，顺应自然，他构建了一个思想认识模型，即“恒道”“恒名”。他把无限的“道”与“名”界定在有限的“恒道”“恒名”之中。道是什么，怎么描述，是一个很难回答的问题。庄子在《齐物论》中说：“已而不知其然谓之道。”我们拿一个具体的人来说，一个卵子和一个精子结合受孕，38 周后就变成了人，但不知道是怎么样变成人的，这个 38 周的生成化育过程就是道发挥作用的过程。老子认为，道是先于天地客观存在的宇宙运动状态，是宇宙的本原及万物运行的规律。道，在时间与空间上是无限的，在物质世界有永恒的物质性，在非物质世界有永恒的自然性。道的基本内容可归结为十点：一、道是先于天地的客观存在，是万物的自然法则，它既不是神，也不是天意。二、道永远存在，它无始无终，无形无状，在时间与空间上都是无限的。三、道是万事万物的本质状态，它通过万物的属性（德）而显现。若世界上没有万事万物，也就没有道。四、道是物质基础“阴”及其变化的自然法则“阳”的对立统一。五、道是现实世界中不可抗拒的必然规律，万事万物都从属于道的法则；它以摧毁一切妨害自身发展的事物而彰显其存在。六、道处在永恒的运动与变化之中，这种变化通过万物自身转化为新的万物自身而表现。七、万事万物的一切现象，都处在相互联系的状态之中，这种联系通过道的客观存在而完成。八、道是人类的感官所不能感知的，但在逻辑思维中，是可以被认识、被掌握、被运用的。九、道是不以人的意志为转移的，它贯穿万事万物的生成、生长、发展、消亡的整个过程，以一种客观规律的形式存在。十、道是感性认识和理性认识综合的人类思想认识的模型，既是认识的对象，又是认识的方法，也是认识的结果。因此，道可以有模有样，是可以描述的。但是，要把它描述得准确完整，那又不可能做到。怎么办呢？人们就给它取个名，叫“道”。这个名妥吗？不是很妥。但很久很久以来，都是这样称谓的。比如天道、地道、人道、孝道、妇道、僧道、儒道、医道、艺道、书道，等等。

那么，人们又如何才能认识道呢？

人类的感知系统是为追求认识存在而逐步建立的。结绳记事以前，世界上万事万物没有名称。为方便认识和记录，人类就逐步给万事万物取了名。可见，无名是万事万物的本来状态，有名，是人类感知并记录万事万物所展现的状态。鉴于语言文字的局限性及道的只可意会不可言传，只有通过“无名”和“有名”这个对立统一体，来看一看道的真正面目。所谓无名，是指人类对天地有感知以前的混沌状态，说明天地本来是无名的。所谓有名，是建立在人类感知系统基础上，为追求认识、记载、探索不同的存在状态，所派生出的无限个名称（概念）。因此，无名是宇宙的本来状态，有名是认识、探索、记载宇宙状态的开始。有名就像万物的生母一样，即万事万物都是从有名的记录中分辨出来的。因此，道是一种客观存在，是人类有记录并把它名为“道”以前就有的那个客观存在。这个客观存在，名之为道可以，名之为非道也可以，沿用长期以来的称谓就叫作道。同时，应当将道理解为一种无的状态，一种有的能力。它的本原是无，但可以生出天地万物。人们应当抛弃所有的主观意识和杂念，将自己置身在毫无认知意识的婴儿状态，采取无的态度去体认道的玄妙，达到一种完全虚无的境界。只有这样，我们才能真正体悟到道的奥妙。同时，无（无名，或整体）和有（有名，或个体）是我们必须把握的两个概念，它们是打开“众妙之门”的钥匙。人们只有通过无和有的观察、分析、推理，才能领悟到道的实质。为了充分说明“道可，道非，常【恒】道”，在本书的第四、第五、第六、第八等多个章节中做了相应的阐述。

人类若没有针对性选择和安排，便可以观察“无名”的广大和美妙；人类若有针对性选择和安排，便可以观察某个有名事物的细微之处，看清其端倪。可见，无名和有名都是针对同一事物。只是人类为了方便认识和分析，就分别对有所差别的事物取了不同的名称，并通过对不同名称之事物的不断研究、不断分析、不断感知，发现无名和有名的事物既有很多共同之处，也有很多不同之处，从而打开了观察“道”、认识“道”的各种途径。即“玄之又玄，众妙之门”。因此，无名也好，有名也罢，世间事物都是非常深奥的，观察起来都难把握、难准确、难透彻，更难说明。观察的目的一致，观察的方式方法可以不同。但只要踏入探索宇宙变化的总渠道，并不断地往不同层次和角度深入探讨，就能看到事物差别之因由、内容之广大，生死之规律、变化之美妙。

第二章

天下皆知美之为美，斯[1]恶已[2]；皆知善之为善，斯不善已。故有无相[3]生，难易相成，长短相形[4]，高下相盈[5]，音声[6]相和，前后相随。是以圣人处无为之事[7]，行不言之教，万物作焉而不辞[8]，生而不有，为而不恃[9]，功成而弗居。夫唯弗居，是以不去。

注释

[1] 斯：这。

[2] 恶已：恶，丑。已，通“矣”。

[3] 相：互相。

[4] 形：此指比较、对照中显现出来的意思。

[5] 盈：充实、补充、依存。

[6] 音声：汉代郑玄为《礼记·乐记》作注时说，合奏出的乐音叫作“音”，

单一发出的音响叫作“声”。

［7］圣人处无为之事：圣人，古代人们所推崇的最高层次的识道守道循道之人。处，担当、担任。无为，顺应自然，为所当为，对外人外物不妄加干涉和管束。

［8］辞：管理、干涉的意思。

［9］恃：依赖、依靠的意思。

【老子说】

天下人都知道，那些受到赞美和推崇的事物，如果去照抄照搬照做，是不可取的，是没有好结果的；那些受赞颂或表扬的行为，人们若只为了受赞颂或表扬而去做，那就更不值得受赞颂或表扬。因为事物都是对立统一的：有和无是相对存在的客观事实，难和易是相互比较形成的感知概念，长和短是距离比较的认知，高和低是空间比较的感觉，音与声是互相感应的存在，前与后是相互跟随的体会。圣人在充分认识“无”和“为”的重要性之后处事。用不言不语的方式施行教化；让万物兴旺而不加倡导、管理或干涉，生养万物而不据为己有；抚育万物而不自恃己能，创立了功勋也不居功自傲。正因为他不居功，所以他的功绩就永远铭刻在人们心中。

【品 读】

在人们的意识里，天下万物，皆有阴阳，天下万物，都可以分为真善美和假恶丑两个对立面。然而，世间事物都处在运动变化之中，美的可以酿成坏的结果，善的可以造成恶的结局。任何美善的事物，其本身都包含着不美不善的一面。美转化为不美，善转化为不善，是大道运行的必然，也就是事物发展的客观规律。若把美的事物看成永恒的美，把善的事物视为绝对的善，那必然会事与愿违，逃不出不美不善的结局。老子用六个排比句告诉人们：有和无是相对存在的客观事实，没有无，何来有；难和易是相互比较形成的感知，没有难就没有易；长和短是距离维度相互比较的认知，没有长就没有短；高和低是空间维度相互比较的概念，没有高就没有低；音与声是互相感应的体验，发出的声要有相对的受体接受并体验认可才会有感知，如果发出的声没有受体，无人或物感应到，便不会认为有声（比如蚂蚁发出的声，人们一般感知不及，便不觉得蚂蚁之间有声音）；前与后是相互跟随在一起的，无前必无后。这些都是永恒不变的客观存在。

人类作为宇宙中的一分子，和宇宙中的其他事物一样，都是由肉眼看不见的分子、原子、中子、微粒子等基本元素化合而来。人和其他事物同源，只有生命形式上的差别，没有生命本质上的不同。世间万物都由大道衍生出来，自然处在永不停息的运动和变化之中，而且与其他物体相互依存、相互消长、相互转化。如果因为某一事物的存在受到社会的赞誉，人们为了获得赞誉而去操弄，就必然会带来不利的后果。

一个人从出生到死亡，宠辱得失、喜怒哀乐，从来没有终止过体验的变化。但总不外乎两个方面的结果，一个是好的，一个是坏的。人们乐于接受好的结果而难于接受坏的结果，缺少应有的从容和淡定，因而痛苦迷茫或悲痛难过。其实，好的不一定不坏，坏的不一定不好。比如天气，连续下雨一个月，人人都会埋怨，真是个坏天气；可要是连续二十天太阳后下一场雨，人们都会高兴地说，真是个好天。大道无言，其所孕育的天地万物，人们无法对其进行准确的描述，任何概念和范畴都是主观的、牵强的、非常有限的，不可能恰当和稳定地概括出大道的真义。因此，那些不准确、不完全、不稳定、不真实的概念直接影响了人们对大道的领悟，自然也就无法真正融入大道无忧无虑、自由自在的境界中去。而识道守道循道的圣人，明白大道存在的绝对性和它所表现的相对性及其内涵，就能抛弃和超越人类自以为是的主观和牵强，采取顺其自然的态度来对待人生、处理世事。不惟美而美，不惟善而善，这种处世哲学看似消极，其实是一种自然的、积极的人生态度，是人类自身精神境界的升华。圣人能理解大道并和大道融为一体，顺应自然的各种变化，也就无所谓得到和失去，无所谓美丑和哀荣，因而也就没有忧愁和烦恼。圣人能充分认识到“无”和“为”的重要性与必要性。道所能者，不需要人们去施加影响的是“无”，在道之所能的基础上，顺应道之所指，仍应该做的是“为”。“无为”，是在遵守事物客观规律的基础上，掌握矛盾主次环节的理所应为，是指不违反世间大道，不肆意妄为，不对事物的正常发展横加干涉。“无为为之而合乎道，无为言之而通乎德”（《淮南子·原道训》）。

行不言之教，便是“无为”的一种方式，是圣人身体力行，用他的行动感化世人，而不是趾高气扬地去教育世人。因此，圣人不为自己而生，不为自己而作，更不会把自己的作为和贡献看成了不起的本钱。“无为”之后，他也不觉得自己有什么功劳而躺在功劳簿上。但人们已离不开他所奠定的坚实基础，他的功劳和贡献永远铭刻在人们的心中。

第三章

不尚[1]贤，使民不争；不贵难得之货[2]，使民不为盗[3]；不见[4]可欲，使民心不乱。是以圣人之治，虚其心[5]，实其腹，弱其志[6]，强其骨，常【恒】使民无知无欲。使夫知者不敢[7]为也。为无为[8]，则无不治[9]。

注释

［1］尚：崇尚，尊崇。
［2］贵：重视，珍贵。货：财物。
［3］盗：偷窃财物的行为。
［4］见：通“现”，出现，显露。此是显示、炫耀的意思。
［5］虚其心：减少他们的私心杂念。虚，空虚。心，古人以为心主思维，此指思想、头脑。
［6］弱其志：削弱他们为私心杂念而竞争的意识。
［7］不敢：不产生为了追求个人目的而不顾后果的思想动机。

[8] 为无为：有所为，有所不为，重在不为所欲为。

[9] 治：治理，此意是治理得天下太平。

【老子说】

不赞美不推崇有德有才、各方面都表现好的贤人，即能使人民不会为得到贤名而争相表现，不会为贤名而互相攀比，不会想方设法去为争贤而表现好；不把难以得到的珍宝、稀少的货物看得很重、很珍贵，并不希望拥有它，就能使人民不产生偷窃、抢夺珍宝的想法；不去为满足自己的欲望和欲念而行动，就能使人民不会为个人的欲念而寻思和行动。所以，圣人治理国家的措施或方法是这样的：坚持以身作则，不生个人欲念或少生欲念，尽量让人民吃饱穿暖，不怀争名夺利的念想，并不断增强人民的体质，使他们可以健康长寿。长期坚持这样做，百姓就不会产生伪诈的心机，不会有为己为利的私心欲念。而那些为欲起念，为货萌盗，争贤卖巧的所谓聪明人，就不想、不愿，也不会去为所欲为而乱来。圣人行"无为"之治，天下就没有治理不好的啊。

【品 读】

老子认为，人的本性是善良的、纯真的。世间所见的种种丑恶行为，则是不合理不完善的社会制度造成人性扭曲的不正常现象。由此，老子希望坚持去伪存真，保留人性善美且契合自然之道的东西，摒弃所有引起人们贪欲的标杆。当时流行推崇贤能的风尚，老子认为这违背道的概念，是产生罪恶的培养基。

所以，“不尚贤”才能“使民无知无欲”。因为大道是自然的，是反映事物本真本性的，是远离概念和偏见的。如果心里充满了概念和偏见，人就不可能得到智慧。因为，概念越多，偏见越多，心越混乱。心乱不定，就容易被外界的事物诱惑。当今社会，大部分人都是知识分子，但大部分人都很难说是智者。每个人都知道很多东西，显得非常博学，乍看很厉害，却没有消化，大多似是而非、囫囵吞枣，知其然而不知其所以然。“尚贤”于世，人心就变得浮躁起来。也就是“知欲”越多，自然之道就越少。若让老百姓减少这些“知欲”，自然也就不会产生那么多的贪心、那么多的以假乱真、那么多的假冒伪劣、那么多的为所欲为。所以“常【恒】使民无知无欲，使夫知者不敢为也。为无为，则无不治”。因此，老子劝告世人，不要被概念和偏见所束缚，不要存“人为”之念，而应守无为之心、做无为之事，也就是积极地做遵循自然之事，该做就做，不在乎结果。可见，老子理想社会中的人民，知书达礼，自然淳朴，没有奢侈的物质享受欲望，也没有被各种令人头晕目眩的概念与偏见或文化知识困扰的烦恼，更没有制假造假、弄虚作假、欺下瞒上的心机。

在他的心里，人们应该在一种自由宽松的社会环境中，保持人类纯朴天真的精神生活，与自然之道相契合。出于对自然法则的深刻领悟，他把适应于道的运动，看作人类政治制度、社会生活以及道德规范都应该遵循的最高准则。他呼吁施“无为之治”，行“不言之教”，强调人的社会行为要顺应自然，遵循道的运行规律，杜绝一切违反自然的行为，推行人道，使人民正常休养生息。因此他断言，若能做到这些，天下就没有治理不好的可能。

第四章

道冲[1]，而[2]用之或不盈。渊[3]兮！似万物之宗[4]。挫其锐[5]，解其纷[6]，和其光[7]，同其尘[8]。湛[9]兮！似或存[10]。吾不知其谁之子，象[11]帝之先。

注释

［1］冲：通“盅（zhōng），本义向上涌流。《说文》：“冲，涌繇也。”繇即今摇字。涌，上涌。摇，旁摇。有人认为，老子的本意是：道像浪摇和水涌的感觉，但又永远不会盈满。

［2］而：通“能”，强调道的功用功业，有能量的意思。

［3］渊：深远。

［4］宗：祖宗，祖先。

［5］挫其锐：消磨掉它的锐气。挫，消磨，折去。锐，锐利、锋利。

［6］解其纷：消解它的纠纷。

［7］和其光：调和隐蔽它的光芒。

［8］同其尘：把自己混同于尘俗。以上四个“其”字，都是说的道本身的属性。

［9］湛：沉没，引申为隐约的意思。段玉裁在《说文解字注》中说，古书中“浮沉”的“沉”多写作“湛”。“湛”、“沉”古代读音相同，这里用来形容“道”

隐没于冥暗之中，不见形迹。

［10］似或存：似乎存在。连同上文“湛兮”，形容“道”若无若存。参见第十四章“无状之状，无物之象，是谓惚恍”等句理解其意。

［11］象：似。

【老子说】

道，可比作无始无终无限的泉涌，它左冲右突，不断地往上冒，不停地摇摆，永远也没有盈满的时候。它的能量无穷无尽，它的智慧无比深邃，它的作用无比宽广！它好像是万物的起源。道，通过无穷无尽的变化和自身能量的释放，折损了自身的特性特质和特点，分化成万事万物，从而淡化了自身的光泽，与天地间万事万物融为一体。道境是多么的深不可测啊！它若隐若现、若存若亡。我不知道它来自哪里、去向何方，是什么时候怎样产生的，大概在宇宙产生之前就有的吧。

【品 读】

老子说，道是空虚无形的，但它所能发挥的能量和作用却不可估量，是无穷无尽的，是永不枯竭的。道是万事万物的宗主，它支配着一切事物，是宇宙天地存在和发展变化必须依赖的能量。他把道比喻为一股腹内空虚的无边无际的巨大涌泉。这个比喻，将道所蕴含的丰富性、概括性、抽象性、外延性和能动性比较形象而充分地表现出来了，是对其神秘性、完整性、不可触摸性和无限能量的最直观和最形象的比喻。人们通过这个比喻，应可派生出无限的想象空间。

“道冲，而用之或不盈。渊兮！似万物之宗。”道就像一只腹内空虚又看不到边际的容器，其内有泉水一般的能量不断地向外摇涌而出。道的境界是主观感受的世界，它的空虚和灵动，只相对于自我世界的主观感受，而不是人们从外观所能感觉得到的。渊，形容道境深远，找不到边际。道的境界虚幻，但它虚而有实、化而无形、动而有力。它的无穷妙用对于宇宙来说，无穷无尽，对于得道之人来说，可习而不可及。只有人的心灵在道的世界里自由翱翔，可享受到快乐，可体会到自然，可满足人的天性。在浩瀚无垠的道境中，蕴藏着天地万物的本原，随时都可能摇涌而出。道，恰似那派生万物的根源。

“挫其锐，解其纷，和其光，同其尘。”锐，锐气、锋芒，挫其锐，即万物的特征特性受道的制约。纷，指纷繁杂乱、支离破碎的事物及其主观意识。光，指万事万物的能量和功用、特性、特点及特质。尘，指活生生的千差万别的现实世界。道，在摇涌的过程中，与大千世界融为一体，其特点特性和锐气被挫消，一切与道不相吻合的杂乱被整合，一切与道不相吻合的锋芒被消磨，一切与道不相吻合的叛乱被消灭，并自动融入天地间万事万物的大流之中。

“湛兮！似或存。吾不知其谁之子，象帝之先。”湛，有深沉、幽隐的意思。道是何等的深藏不露啊！它隐而不显、似幻而真，它为而不露、似无而实。道从哪里产生的？老子不能从正面作出回答，而是说道存在于宇宙产生之前。

第五章

天地不仁，以万物为刍狗[1]；圣人不仁，以百姓为刍狗。天地之间，其犹橐籥[2]乎？虚而不屈[3]，动而愈[4]出。多言数穷[5]，不如守中[6]。

注释

[1]刍狗：用草扎成的狗，古代专用于祭祀之中，祭祀完毕，就把它扔掉或烧掉。比喻轻贱无用的东西。在本文中比喻：天地对万物、圣人对百姓都因不经意、不留心而任其自长自消、自生自灭。正如元代吴澄据说：“刍狗，缚草为狗之形，祷雨所用也。既祷则弃之，无复有顾惜之意。天地无心于爱物，而任其自生自成；圣人无心于爱民，而任其自作自息，故以刍狗为喻。”

[2]橐籥（tuó yuè）：古代冶炼时为炉火鼓风用的助燃器具——袋囊和送风管，指古代的风箱。

[3]屈：竭尽，用尽。

[4]愈：更加。

[5]多言数穷：过问多、话说多，就会影响、限制和羁绊百姓的行动，也就是政令繁多反而更加让人陷入不知所措的困境。数，通“速”。

[6]守中：中用，恰到好处。

【老子说】

天地不存在仁爱之心，对待万事万物就像对待没有生命的刍狗，任凭它自成自灭、自变自化。同样的道理，圣人对百姓，也像对待没有生命的刍狗一样，任凭他自作自息、自我成长。在天地之间，道就像那生火时助燃的风箱与火的关系，风箱闲置不用，没有空气流动，不能把火吹起来，若快速使劲拉扯，空气就不断地大量流动，又可能导致把火种吹散吹灭。过多的指挥和干预，就会让人不知所措。凡事都不如恰到好处、适可而止。

【品 读】

在这一章中，老子从天地“不仁”到圣人“不仁”，从而提出了“守中”的思想。和第三章“不尚贤”、第二章无为而治的思想贯通。他认为，圣人即守道循道的人或统治者，应当是遵循自然规律，“处无为之事，行不言之教”，任由老百姓自作自息、繁衍生存，而不会采取主观干预的态度和措施。

“天地不仁，以万物为刍狗。”天地是一个物理的、自然的存在，并不具有人类的理性和感情；万物在天地之间依照自然法则运行。天地无为，也无仁爱之心，自然界的一切事物，只需依照自然界的发展规律生长变化，毋需任何主宰者驾临于自然之上来加以指挥和安排。

“圣人不仁，以百姓为刍狗。"同样，圣人无为，无所谓爱心仁厚，皇恩浩荡，只效法天地、纯任自然。对百姓无厚无薄、无欲无为、平淡相待，也像对待刍狗一样。

“天地之间，其犹橐籥乎！虚而不屈，动而愈出。”橐籥，是用手工操作的鼓风工具，如现今铁匠师傅使用的风箱。老子将天地比作一个可以来回鼓动空气的风箱，道就像那因手工拉动而鼓出的风力，世间万物就像那火种。不去拉动风箱，风箱内有无穷无尽的风力，火苗不会有什么变化，适度拉动风箱，火苗熊熊燃烧，拉动得过度，又可能导致火种被吹散吹灭。天地之间，风霜雨雪，电闪雷鸣，皆有必要，但过分过度，即为灾害。所以，“多言数穷，不若守中。”老子通过上述比喻说明：任何人做任何事，都要尊重自然规律即道，有所为，有所不为。而且，为或不为都要适度。亦即“守中”。这里所说的“中”，是适度适当的意思。老子从反对“有为”的角度出发，阐述“无为”的道理。天地是一个客观的存在，它没有人类的七情六欲。天地依照自然法则运行，滋生万物，给世界以蓬勃生机，人类得以繁衍生息，也不是天地特意而为。天地不存在对某物有所偏爱，或对某物有所嫌弃。老子通过生活中的两件事加以说明。一是静态的，即人们祭祀时用草扎制的狗，对草而言，人神都无所偏爱。同样，得道的圣人或聪明的统治者，对老百姓也不应有厚有薄，而要如水润物、如风掠地，应让他们根据自己的需要生息。

二是动态的，如使用的风箱，只要拉动就可以鼓出风来，而且不会竭尽，但必须适度。祭祀也好，拉风箱也好，要有行动，但不能过多。政策也好，法令也好，要有规矩，但不能过滥。政令烦苛，就会加速一个政权的灭亡。天地不讲仁慈，不偏向某物施恩或施暴，万物就能焕发蓬勃生机。圣人不分彼此，宽严如一，慎终如始，社会就能平安发展。因此，“圣人”应仿效自然运行的法则治理社会，“无为而治”。如果治理者干预得过多，人们不知所措，社会就会不得安宁甚至矛盾激化。

第六章

谷神不死[1]，是谓玄牝[2]。玄牝之门[3]，是谓天地根。绵绵[4]若存[5]，用之不勤[6]。

注释

[1] 谷神：据高亨说，谷神者，道之别名也。谷神者，生养之神。谷，形容道虚空博大，像山谷；神，形容道变化无穷，很神奇。

[2] 玄牝（pìn）：玄妙的母性，这里指孕育和生养出天地万物的母体。玄，原义是深黑色，是本书中经常出现的重要概念，有深远、神秘、微妙难测的意思。牝：本义是雌性兽类动物，这里借喻具有无限造物能力的道。

[3] 门：指产门。这里用来比喻造化天地生育万物之所在。

[4] 绵绵：循环往复，连绵不绝。

[5] 若存：实际存在却无法看。若，如此，这样。

[6] 勤：尽。

【老子说】

谷，是静态的，泛指山川河岳或客观存在的自然物质；神，是动态的，泛指促成改变自然的各种因素。谷和神的不断运动，就像那神秘的孕育后代的雌性功能。道类似雌性的生殖功能所在，是天地间万物产生的根源。这个根源生化的机理从不停歇，它通过具体的事物让人们看得见、察得着、感得到，而且永无止境。

【品 读】

“谷”象征道体的静状，“神”象征道体的动状。“谷”是彰显万物发展变化的无限源泉，“神”是指导万物发展变化的总导演。道体幽深莫测，因应无穷，永远不会枯竭，永远不会停止运行。老子把导演成功的机会比作“玄牝之门”，也就是类似母体的生殖功能所在，是产生万事万物的地方。

玄牝指神秘的母性功能。老子把神秘莫名的道比喻为雌性动物的生殖功能，形象地表现了道生万物的本能。“玄牝之门，是谓天地根。”莫名、神秘的母性功能之所在，是道发挥能量和作用的门户，是孕育天地、化生万物的根源。

“绵绵若存，用之不勤。”道，有迹可循，并无所不在地发挥作用，它的功能永远用之不竭。它先天地而生，亘古长存，它既像一台看不见的生育机器，化育着自然万物，生生不息；又像是一名天地万物的主宰，决定着物事、人世的沉浮兴衰。

第七章

天长地久[1]。天地所以能长且久者，以其不自生[2]，故能长生。是以圣人后其身而身先[3]，外其身[4]而身存。非以其无私邪[5]？故能成其私。

注释

[1] 天长地久：指时间长久、空间广阔。

[2] 以其不自生：因为它不为自己生存。

[3] 身先：高居人上的意思。身，自身，自己。以下三个“身”字同。先，居先，占据了前位。

[4] 外其身：外，是方位名词作动词用，使动用法，这里是把自己的生命置之度外的意思。

[5] 邪：表示疑问的语气。

【老子说】

天长地久。天地为什么能长久？因为它无私，不为自己的长和久而谋划、而劳作，无以己为，所以长生不灭。同样的道理，圣人凡事都先人后己，反而促成其被世人所拥戴，自然而然地成为社会的统领者；圣人把自己的生命置之度外，顺其自然，反而成就了他的英名永存。这不正是圣人大公无私的结果吗？因为他的大公无私，才促成了他实现其个人愿望啊！

【品 读】

天地之所以能永恒存在，是因为它的一切运作、变化都不是为了自己的生存，因为“不自生”，“故能长生”。天地生养万物而独不生自己，反而得到了长生。因此，老子希望得道的圣人能从中悟出道理。如果圣人也效法天地的这种德行，不计个人得失，一心为公，也会像天地一样“长生”。所以，“圣人后其身而身先，外其身而身存。”意即得道之人谦虚谨慎，礼让民众，充分听取民众意见，在利益面前先人后己，反而能赢得民众的爱戴；凡事都把自己的肉身置之度外，生命反而能得以保全。结合老子其他章节来看，老子对人之生命的理解非常透彻。生命不止于肉体的生命，而应推广到灵魂的范畴。一个修道得道的人（圣人），如果能谦居人后，以天下人的共同利益为先，那么他就会永远留在百姓心中，从而得到与天地一样不灭的长生。圣人这样做，并不是没有私心，而是为了成就他最大的私心，就是他的英名永存。所以老子说，“非以其无私邪！故能成其私”。人最大的私心莫过于实现长生，所谓长生，就是能让自己的灵魂永远活在人们的心中。只要人们感觉到圣人的好，就希望他能够永远存在，他的英名与灵魂在人们心中就永远不会消失。老子根据宇宙法则揭示人生法则，而人生法则里又贯穿着社会法则。他的“后其身而身先”“外其身而身存”的思想，是“先天下之忧而忧，后天下之乐而乐”的源泉。治理国家，只要时时把人民的利益放在前面，自然就能够得到人民的拥护和爱戴，从而体现人生价值，获得人生幸福。为了自己肉身而活着的人，生命如白驹过隙，一瞬而去；为了人民利益而活着的人，他的英名就永远活在人民心中。

第八章

上善若水[1]。水善利万物而不争，处众人之所恶[2]，故几于道[3]。居，善地；心，善渊[4]；与，善仁[5]；言，善信；政，善治[6]；事，善能；动，善时[7]。夫唯不争，故无尤[8]。

注释

[1] 上善若水：上善即最善。这里老子以水的形象来说明圣人是道的体现者，因为圣人的言行有类于水，而水德是近于道的。

[2] 处众人之所恶：即居于众人不愿去的地方。

[3] 几于道：几乎接近于道。

[4] 渊：沉静、深沉。

[5] 与，善仁：与，指与别人交往。善仁，体现仁爱之心。

[6] 政，善治：为政善于治理国家，从而取得治绩。

[7] 动，善时：行动（包括挪动生活处所等），善于把握或顺应适当的时机。

[8] 尤：怨咎、过失、罪过。

【老子说】

一个人最好的行为和最高尚的品格如同水一样。水，润泽万物，又从不与万物相争。它身处万物所不看好、不喜欢的地方，却总是发挥着广泛的作用，所以，道类似水的性状。且看那得道的圣人，在赋闲或居家的时候，能正确对待所处的地位；能坚守远大的理想信念；与人交往有仁爱之心；言谈举止，诚实守信；理政处事，公道正派，勇于担当；化解矛盾，公平公正，智勇双全；在需要他调整岗位或改变职务时，能服从大道安排。一个人既有足够的能力，又有远大的志向，还能顺应大道的规律，服从大道安排，谦虚谨慎，甘居下位，不争名不争利，无论他处在什么工作岗位，大可放心，无忧无虑无后患。

【品 读】

“上善若水”，上为至高；水的德行最高，因为它可以忍辱负重、任劳任怨，能尽其所能贡献自己的能量去帮助他人，而不会与他人争功、争名、争权、争位、争利。虽然它的构成简单，但它是自然界的生命之源。水，有形却无状，谁也不能说清水的形状，把它放在什么样的容器里，它就呈现什么样的形状。用坝拦它，它就静止不动；抽刀断水，它毫发无伤。在天则为雨雪云雾，在地则成江河湖海。遇热成气，逢冷结霜，见风起浪，居高成湍，千变万化。最为可贵的是，无论它身处多么显要的高位，都会谦卑地向下流淌。这一特性，和人类恰恰相反。人皆钟情于高处，仿佛只有不停地高攀才能实现自身的价值。人人都往高处走，所以经常会有竞争，有竞争就有博弈，有博弈就有得失、成败。而水却比人类明智，它甘居下位，滋润万物而不居功自傲，清静无为而又无所不为。水和大道十分相像。水性善柔，大道善隐；水善利万物而不争，大道化育一切而不言功劳。而这也正是得道的圣人具备的德行。因此，拥有最高德行的人就如同水一样，具有宽广的胸怀、谦逊的品格、与世无争的情操、宽厚诚实的作风、成人之美的善意、助人为乐的胸怀。这些特征都接近大道的本质，是人类最应效仿的德行。因此，人的品德就应该像水一样宽广无边、清湛悠然；谦虚静下，不争高低。在自然界万事万物中，老子钟爱水，认为水的德性最接近于道。由水及人，他为水一样的德行列举出了七个“善”字，劝告人们为人处世也要如水一样“不争”。也就是说，宁愿处人之所恶也不与人相争，别人才没有什么怨愤。人类一旦拥有了像水一样的品德，就能助人而自乐、处世而无争，就能免去患得患失的精神折磨，就能与大道同行，免去纷争、痛苦和烦恼，就能过得逍遥自在、无忧无虑、轻松愉悦。

第九章

持而盈之[1]，不如其已[2]；揣而锐之[3]，不可长保[4]。金玉满堂，莫之能守；富贵而骄，自遗其咎[5]。功遂身退[6]，天之道[7]也。

注释

[1] 持而盈之：持，手执、手捧。此句意为持执盈满，还要增加。

[2] 不如其已：已，止。不如适可而止。

[3] 揣而锐之：把利器磨得又尖又利。揣，捶击的意思。

[4] 长保：长久保存。

[5] 咎：过失、灾祸。

[6] 功遂身退：功成名就之后，不再身居其位，而应适时退下。身退并不是退隐山林，而是不居功贪位。

[7] 天之道：指自然规律。

【老子说】

对已经拥有的东西不知足，还要不断地索取和鲸吞，不如珍惜现状，知足自乐。已经捶打好的工具，为使它进一步尖锐还不断地捶打，便不可能长期保持尖锐的形状。金银宝玉再多，也没有人能够永远拥有。如果一个人拥有富贵，就放纵自己或放纵亲人，而不严以律己，对亲人不严加管束，就是为自己和亲人埋下祸根。世界上任何事物都只是一个发展的过程，其使命已毕，就不再是履行使命时所展现的状态。职责和使命是时代的产物，使命毕了，时代变了，及时退出历史舞台，这是大自然的基本规律。

【品 读】

大千世界，芸芸众生，谁不追逐名利？谁不倾慕荣华？谁能心如止水？谁能超然物外？从整体上来说，人类的贪欲永远都无法得到满足。人性的这一弱点就决定了任何人都会追名逐利。在现实世界里，人们不可能不食人间烟火，因为吃、穿、住、用、行是人类最基本的生存需求。可是，一个人名利双收之后，又该如何留住它们，而不致使它们如云烟一般随风飘零？老子的答案是：手持杯子，往里加水，当水满的时候，还不停地往里加，又有什么作用和意义？这个中道理似乎人人皆知，但如果与现实生活的欲望挂起钩来，却又很少有人能够真正明白。那么，就看一看锋利的剑吧，它又尖又锐，锋芒毕露，然而锋刃易卷，再磨再损，不久就会被人抛弃。所以，老子说，越尖锐的东西，越不会长久保存。

在现实生活中，有人在短暂的一生里拼命地捞取金钱，其目的就是试图通过对财富的占有来证明自身存在的价值；而有的人则一心想出名，想通过名声来证明自己没有虚度光阴。于是，有人开始争名夺利。为了实现自己的愿望，有的人还不择手段，不惜出卖灵魂，结果事与愿违，得到的还没有付出的代价昂贵。为什么？当局者迷，旁观者清。一个人赤条条地来，又赤条条地去，富贵和名利都是过眼云烟，一丝一毫都无法带走。因此，老子认为“持而盈之”“揣而锐之”“富贵而骄”是功成不居的反面教材。在老子看来，一切具体的存在都是“刍狗”，这也就意味着，要把拥有一定名望、职位的自身也要看成刍狗。刍狗的结局就是在祭祀过后很自然地变成了烂草，这是刍狗的命运使然。如果一朝为“狗”就自认为永远是“狗”而跳梁跋扈，那绝对是不知天高地厚的狂妄之举。所以，“功成身退”是圣人无为的最高境界，是得道之人的行事原则。

老子告诉人们：物极必反。太满会溢，太尖利会断。这启发人们不管办什么事，都要适可而止、进退有度。太露锋芒就遭人嫉妒和陷害，不如“功遂身退”，到一定的时候退而隐之，做到才不恃能、功不倨傲、名不恃节、财不炫富。这才算是合乎“大道”的理念。

现实生活中，人们在名利面前，不可能不心醉神往，不可能不趋之若鹜。但知进而不知退、善争而不善让便是祸害。老子告诫人们凡事要把握好度，要适可而止。那些贪慕功名利禄的人，往往得寸进尺。恃才傲物、锋芒毕露、耀人眼目，这些都是应该引以为戒的。富贵而骄，便会招来祸患。因此，老子奉劝世人："生而不有，为而不恃，功成而弗居"，急流勇退，可以保全天年。若贪心不足，居功自傲，忘乎所以，势必身败名裂。事物的发展是否极泰来、祸福相依，这个道理亘古不变。人类只有与大道同步，才能升华到收放自如、进退有度的美妙境界。

第十章

载营魄抱一[1]，能无离乎？专气[2]致柔，能如婴儿乎[3]？涤除玄鉴[4]，能无疵乎？爱民治国，能无以智乎[5]？天门开阖[6]，能为雌[7]乎？明白四达，能无为[8]乎？生之畜[9]之，生而不有，为而不恃，长而不宰，是谓玄德[10]。

注释

[1]载营魄抱一：意为身体与精神合一。载，用作助语句，相当于“夫”；营魄，即魂魄（详见《黄帝内经》）；抱一，魂魄合而为一。一，指道。二者合一即合于道。

[2]专气：集气。专，结聚之意。专气即集气。

[3]能如婴儿乎：能像婴儿一样吗？

[4]玄鉴：指镜子中的影像。

[5]能无以智乎：能不用智巧吗？

[6]天门开阖：天门，有多种解释。一说指耳目口鼻等人的感官，一说指兴

衰治乱之根源，一说是指自然之理，一说是指人的心神出入即意念和感官的配合等。此处依“感官说”。结合《道德经》全书的意蕴，应泛指动植物的生殖系统。开阖，即一张一合的动静、变化和运动。

[7] 雌：即母性功能。

[8] 无为：顺应自然。

[9] 畜：养育、繁殖。

[10] 玄德：博大深邃的德性。

【老子说】

营为有形之物，属阴。魄乃无形之象，属阳。阴阳一体，能永不分离吗？全神贯注，专事呼吸柔弱之气息，能够回归到婴儿的状态吗？把镜子清扫洗涤干净，能涤去镜子中你影像的污点或缺陷吗？爱百姓，爱社稷，精心治理国家，能不用智巧吗？动植物的母性生殖之门一张一合，就能产生雌性的孕育功能吗？一个人知识渊博，精明事理，就能顺应自然吗？唯有道，催生万物，包容万物，润泽万物，成就万物。万物长成后，它不据为己有，不求回报，不图利用，不图驾驭，不图依仗，不图一己之私，为世间万物带来的一切好处，都是道在发挥它高深的德行。

【品 读】

在老子看来，无论是形体还是精神，无论是主观努力还是客观实际，世人都不可能是完全一致的。但在现实生活中又应该将精神和形体合而为一，将主观努力和客观实际合而为一。因此，本章着重讲道的巨大能量和发挥作用的过程。从“载营魄抱一”到“明白四达”，修养境界逐步提高。“玄德”是德的最高境界。从行文上看，前六句的后半句，似乎都是疑问，但疑问本身就是答案。现实生活中，人们应该将精神和形体合一而不偏离，即肉体生活与精神生活保持和谐，这样就必须做到心境淡定、洗清杂念、摒除妄见、尊重自然规律、提高自身修养、有所为有所不为，达到“无为而无所不为”的境界。

人类是大自然的杰作，因为人类拥有精神和意识，能够进行独立思考和判断。有主观意识和客观认知，对周围的事物有自己的评判标准。人的主观意识总是在潜移默化中发挥能动作用，并以自己的喜好标准，来改造周围的世界。但是，人的主观意识所发挥的作用，有很大的局限性、盲目性甚至是欺骗性，难免犯错，甚至会造成无法挽回的损失。因为人类的灵魂和肉体经常处于分离的状态，无法从根本上达到合二为一的境界。这就是“载营魄抱一，能无离乎？”的中心思想。人类的灵魂恰似当代地球人发射的深空探测器，它能飞跃到梦想中的高度。与之相比，人们的肉体受地球引力的作用，无法和灵魂一起飞翔。于是出现了灵魂在一处、肉体在另一处的情况。如果把灵魂比喻成理想，将肉体比喻成现实，理想和现实之间时常有很远的距离，而且美好的理想在残酷的现实面前往往会一蹶不振。由于理想和现实常常处于相互分离的状态，因而会令人们痛苦、无奈和彷徨。这种情感获得的根源在于人的肉体和灵魂不能统一。现实生活中，肉体和灵魂、理想和现实完全统一的人，只有初生婴儿和得道的圣人。婴儿不谙世事，万事皆清，头脑混沌，不知何物为何物，也不知何事为何事，只知道饿了就要吃、困了就要睡，一切顺应人的自然本性，当然不会有烦恼和痛苦，因为他的灵魂和肉体是合而为一的。得道的圣人，他经过了庸人的阶段，也感受过痛苦和烦恼的滋味，但他不想让自己再受煎熬，就明智地选择了和“大道”同步，尽量做到灵魂和肉体的高度和谐统一；做到了“专气致柔”如婴孩；做到了心境明净无瑕疵；做到了不受知识的局限而彻悟真理。

所以，对于一个地方或一个机构的领导者来说，要像婴儿一样顺应自然本性，无欲无为，不施以违反自然规律的干扰因素。无为而治，才是真治。如果一意孤行，主观地采取强硬措施，不但不利于安定民心、开展工作，反而会导致局面混乱。因此，任何一个地方或一个机构的领导者，不能为个人欲念去开展工作，不能有一点成绩就自恃有功，不能因为有一点能耐被推上领导岗位就唯我独尊、目空一切、为所欲为，而应当充分发挥大道赋予的能量，实事求是地施政，作所应作，为所当为，为社会作出应有的贡献。

第十一章

三十辐[1]共一毂[2]，当其无[3]，有车之用。埏埴[4]以为器，当其无，有器之用。凿户牖[5]以为室，当其无，有室之用。故有之以为利，无之以为用。

注释

[1] 辐：车轮中连接轴心和轮圈的木条，有如自行车车轮的钢丝。古代的车轮由三十根辐条所构成。

[2] 毂（gǔ）：车轮中心的木制圆圈，中有圆孔，即插轴的地方。

[3] 当其无：当车造成之后，车上是空的。

[4] 埏埴：埏（shān），搅和；埴：陶土。即用水把陶土和成泥，再做成供人使用的陶器。

[5] 牖：窗户。

【老子说】

三十根辐条插在同一个毂上，辐毂轮轴等有形之材构成车驾。但发挥作用的是车上的空处（无），可载人载物，为人所用。把黏土搅和踩捏做成生活器具，器具烧制完毕后，其内容是空的（无），供人们装酒水菜肴等生活物资之用。建造住房时，砌好四壁，安好门窗，四壁之内的空旷之处（无）供人们饮食起居，可作房屋之用。因此，有形之物于人有利，无形之状于人有用。

【品 读】

本章的核心是“有之以为利，无之以为用”。即“无”和“有”的辩证关系。无和有既相互矛盾，又相互依存。没有无也就无所谓有。人们常处在有的层面，解决矛盾或困难时却要以无为本。

老子通过车子、陶器、房屋这三个物件来说明问题，指出这几样物件都是有形的，也就是“有”，而体现它们自身价值的却是无形的空间，也就是“无”。有和无的关系，就是“利”和“用”的关系。利是使用价值的前提条件，用是使用价值的实现因素。所谓“有无相生”，也就是利和用相辅相成、不可分割。有有就有无，有实就有虚，在时间上没有先后，在主次上没有本末。如果没有车轮、陶器、房子这些有形物体的存在，人们要利用的“无”到哪里去寻找？又怎能发挥作用？如果只强调“无”的作用，没有实物作基础，又哪来“无”的功能？

老子关于无和有的辩证关系的论述，具有很大的现实意义。就治身而言，要想健康长寿，就不能只用有形的美味佳肴来厚待有形的身体，而应该更加注重无形的身体锻炼、知识补充、心性修养。只有在锻炼和修养适时适度的基础上，佐以适当饮食的“有”，健康长寿才会成为自然。就治国理政而言，其根本在于制定凝聚民心民智的法律体系，推行法治，辅以德治。唯有高度发达的精神文明和物质文明，国家才能保持长久的繁荣和稳定。

鲜活的事例，生动的比兴，把有和无的辩证关系描述得清明透亮，让人置身在车之上、器之旁、室之内，感受有的必要、无的重要。从《道德经》开篇伊始，老子通过认识天地、刍狗、风箱、山谷、水流、容器、锐器、车轮、房屋等具体的东西去发现生活的哲学道理。从具体到抽象、从感性到理性，由物及人，由表及里。论述“有”与“无”的对立统一，因此，第二章说“有无相生”，本章说“有之以为利，无之以为用”。

第十二章

五色[1]令人目盲[2]，五音[3]令人耳聋[4]，五味[5]令人口爽[6]，驰骋[7]畋猎[8]，令人心发狂[9]，难得之货令人行妨[10]。是以圣人为腹不为目[11]，故去彼取此[12]。

注释

[1] 五色：指青、黄、赤、白、黑。此指色彩多样。
[2] 目盲：比喻眼花缭乱。
[3] 五音：指宫、商、角、徵、羽。这里指多种多样的音乐声。
[4] 耳聋：比喻听觉不灵敏，分不清五音。
[5] 五味：指辛、甘、酸、苦、咸，这里指多种多样的美味。
[6] 爽：伤、败坏，特指败坏胃口。意思是味觉失灵。
[7] 驰骋：纵横奔走，比喻纵情放荡。
[8] 畋猎：打猎获取动物。畋（tián），打猎的意思。
[9] 心发狂：心旌放荡而不可制止。
[10] 妨：损害、有害、伤害的意思。这里特指盗窃、掠夺之类行为。

[11] 为腹不为目：只求温饱安宁，而不纵情声色之娱。“腹”在这里代表一种吃饱穿暖、简朴宁静的生活方式；“目”代表一种声色犬马、纸醉金迷的生活方式。

[12] 去彼取此：摒弃物欲的诱惑，而保持安定知足的生活。“彼”指“为目”的生活，“此”指“为腹”的生活。

【老子说】

青赤黄白黑，斑斓的色彩，使人眼花缭乱，看不清真相。宫商角徵羽，美妙的音乐，使人辨声不清，就像听不见一样。酸苦甘辛咸，丰富的餐饮，使人败坏口味。驾驭牲口驰骋围猎，使人心智渐失，近乎疯狂。世间稀少难得的东西，使人产生不惜代价和手段也要据为己有的想法，害人害己。圣人的工作是想方设法让老百姓吃饱穿暖，而不沉迷于个人享受。因此，统治者不要去追求声色美食的享受，而要设法让老百姓过上安定温饱的日子。

【品 读】

“五色”，在这里应是一个不确定的概念，泛指五颜六色、五彩缤纷。“目盲”也不是指眼睛看不见，而是指沉迷于令人眼花缭乱的事物（如花鸟虫鱼、歌舞伎艺），使人们的眼睛丧失了辨别事物的能力，眼睛的功用得不到正常的发挥，而受蒙蔽、被欺骗。

懂得了“五色令人目盲”的道理，“五音令人耳聋”也就自然理解了。长期沉浸在各种音乐的享受之中，将自然丧失“耳听八方”的功能而耳聋。“五味令人口爽”，人的口舌能感知各种食物的味道，能敏锐地品尝出各种美味佳肴。但过多地食用各种美味也会伤人胃口，使人味觉失灵，无法辨别各种不同的味道。“驰骋畋猎，令人心发狂”，畋猎即很多人合作狩猎，狩猎是人类早期谋生的重要手段，也是人类最早开展的生产活动。人类的动物本性在狩猎中得到了充分的发挥。纵观狩猎时始终带着血腥和暴力的杀戮和掠夺行为，是充满野性的不文明行为，这种行为使人们变得疯狂和残忍。疯狂和残忍的心理状态是人类社会滋生动乱和战争的心理根源。

“难得之货”即稀有珍贵之物，如金银珠宝、锦衣美食、玉璧、象牙、铜器等物品。由于“难得之货”珍贵稀有，它强烈地撩拨起人们为占有它的贪婪欲望，在这种贪婪欲望的驱使下，人们就一心要据为己有，不惜做出损害、伤害他人的行为来，比如盗贼爬房越脊、穿壁走户，贪官草菅人命、唯利是图，权臣互相倾轧、尔虞我诈等。从中我们可以清楚地看出“五色”“五味”“五音”之所以令人目盲、口爽、耳聋，是因为这些东西刺激人们的欲望，人们在欲望的驱使下容易丧失理智。

“是以圣人为腹不为目”，所以，得道的圣人，只要求满足于基本的生活，吃饱穿暖，而不追求吃好的、看好的、听好的、用好的、穿好的、玩好的。

老子的这一观点不是反对人们去享受生活，而是警醒人们追求享受要适可而止，不可贪得无厌，沉迷于享受之中。他希望人们能够丰衣足食，不为世俗所累。更不愿意看到人们为追求色、音、味和难得之货的享受而使心灵变得贪婪。因此，他提醒人们，要彻底摒弃各种欲望的诱惑，始终保持内心清净、知足，才能生活得自在快乐。可是，面对物欲横流的外在世界，很多人不能自觉抵挡各种物欲的诱惑，从而不惜代价地来满足自己的欲望，眼睁睁地把自己推向欲海的深渊，甚至走上犯罪、与人民为敌的道路。

享受生活是人的天性，适可而止是道的规律。“五色”“五音”“五味”、围猎之乐、难得之货，于人有益无害，但物极必反，过分追求和贪婪，有害无益。那令人目盲、口爽、耳聋、心发狂的生活方式之“有”，生于普通劳动民众对这一切认知的“无”。因此，他希望“去彼取此”，希望统治者不要去追求“有”而贪图享受、骄奢淫逸，而要想方设法让老百姓感受不到“有”的诱惑，能够丰衣足食，过上宁静恬淡的生活。一个人越是投入外在化享受的旋涡里，就越会觉得心灵空虚。所以，老子提醒人们，要摒弃外界物欲的诱惑，保持内心的安宁清静。

第十三章

宠辱[1]若惊，贵大患若身[2]。何谓宠辱若惊？宠为下[3]，得之若惊，失之若惊，是谓宠辱若惊。何谓贵大患若身？吾所以有大患者，为吾有身。及吾无身，吾有何患[4]？故贵以身为天下，若可寄天下；爱以身为天下，若可托天下。

注释

[1] 宠辱：荣宠和侮辱。
[2] 贵大患若身：过于珍惜、看重自身的得失。
[3] 宠为下：受到宠爱是下等的。
[4] 及吾无身，吾有何患：意为如果我没自身得失的系念，我还有什么必要去患得患失呢？

【老子说】

受到恩宠荣耀和侮辱打击就惊恐不宁，是源于自身系念，是因为过于看重自身的得失喜恶。其实，受宠就低人一等。因而受宠惊恐，受辱也惊恐，患得患失。为什么会那样看重自身的得失喜恶，患得患失？是因为自私，一切只为自身感受去考量。一个人若进入忘我、无我的境界，宠辱当前，还有什么值得高兴和忧虑？因此，一个人难能可贵的是，忘记自身利益、自身安危和自身感受，一切以天下安宁为己任，全心全意为百姓谋福祉。把天下太平视如自己生命一样重要的人，全天下就可以寄希望于他。关爱天下众生就像关爱自己身体一样的人，治理天下的重担就可以托付给他。

【品 读】

人，对荣辱的情感体验十分敏感。面对荣辱，人们总会有所反应。比如，受到别人恭维和赞许时，心里会不平静而激动、惊喜，但这种心情是短暂的。同样，受到别人的冷眼、辱骂、轻视的时候，心里也会有短暂的不安和惊恐。人在荣辱面前的这种表现，虽是常态，但非必然。因为荣辱是一时虚像，是上下之分的一种表现，事过境迁之后便成过眼云烟。

为什么得宠和受辱同样惊恐？得宠和受辱都是卑下的，

获得它时好像受到惊吓，失去它时自然也像受到惊吓。有身，指人的心里总是有自身利益、自身感受的考量；无身，即人的心里无自身利益、自身感受的系念。有身，是世间常人普遍存在的弱点，其原因在于“有”。无身，是修道之人的精神追求，“外其身”（第七章），“后其身”（第七章），“以身为天下”，是向无身的过渡。老子没有直接告诉人们，他所提倡的人生精神追求是什么，而是用可当大任者和不能当大任者来进行对比，以此说明人们应该有什么样的人生精神追求。所以，“贵以身为天下，若可寄天下；爱以身为天下，若可托天下。”一个人，如果以自身的患得患失去处世理事，那只配寄身于天下而做个平常之人，自然不配去治理天下；如果像爱惜自身那样去爱惜天下，就可以把天下事托付给他，让他去治理天下。老子所提倡的人生观，就是把自身融之于天下，除了天下人的利益，没有自身的利益。

在现实生活中，许多人重视身外的宠辱超过自身的生命。人生在世，难免要与功名利禄、荣辱得失打交道，许多人是以荣宠和功名利禄为人生最高理想，目的就是为享荣华富贵、福佑子孙。其人生追求是个人的幸福，是功名利禄等身外之物的“有”，而非“以身为天下”，公而忘私的“无”。那么，对于功名利禄，人们应把它摆在什么位置？如果把它摆在比生命还要宝贵的位置，那就大错特错。老子认为生命的价值在于为人类作出应有的贡献，“以身为天下”。没有必要视荣宠为宝贝，也没有必要视耻辱为灾殃，荣辱没有必然的界限，关键在于如何对待。如果善于正确对待，耻辱就会变成荣宠的奠基石；如果不善于正确对待，荣宠也会成为耻辱的前奏。

无私者无畏。人生最要紧的是捍卫人格尊严。“宠”和“辱”对于人的尊严之挫伤，可谓没有差别，受辱固然损伤了自尊，受宠又何尝不损害人的尊严？如果得宠者觉得受宠是一份意外的殊荣，他就已经低人一等了。所以，一个人在任何情况下都没有辱与宠的“若惊”感受，那么他在任何人面前都可以淡然处之、自然居之、傲然立之，保持着独立的人格尊严。一个人若以荣宠和功名利禄为人生最高理想，其出发点就偏离了独立的人格，偏离了人生的意义，就是为私、谋私。一个一心谋私的人，怎么能受天下之重托，为万民所托命？本章所述，世间人人都有私心，却不知世间最可怕的便是私心。一个人若没有自己的私心和欲念，受宠也好，受辱也罢，这个人还惧怕什么？还担心什么？还忧虑什么？所以，凡是遵循道的理念，大公无私，牢记全心全意为人民服务的宗旨，忘记自身，一心以大局、以天下为系念的人，就可以大胆放心地把一个单位、一个地方、一个国家的命运托付给他。

第十四章

视之不见名曰夷[1]，听之不闻名曰希[2]，搏之不得名曰微[3]。此三者不可致诘[4]，故混而为一[5]。一者，其上不皦[6]，其下不昧[7]，绳绳[8]不可名，复归于无物[9]。是谓无状之状、无物之象，是谓惚恍[10]。迎之不见其首，随之不见其后。执古之道，以御今之有[11]。能知古始，是谓道纪[12]。

注释

[1] 夷：无色。

[2] 希：无声。

[3] 微：无形。以上夷、希、微三个名词都是用来形容人的感官无法把握住道。

[4] 致诘（jié）：意为追问、究问、反问。

[5] 一：指道。
[6] 皦（jiǎo）：清白、清晰、光明之意。
[7] 昧：阴暗。
[8] 绳（mǐn）绳：不清楚、纷纭不绝。
[9] 无物：无形状的物，即道。
[10] 惚恍：若有若无，闪烁不定。
[11] 有：指具体事物。
[12] 道纪：即在历史上“道”发挥作用后，可以查考的印记和规律。古时以十二年为一纪。

【老子说】

道，可看又看不清，可闻又闻不着，可摸又握不住，这三种状况，哪能盘根究底地去追问，只能把道看作是一个不可分割的整体。这个整体，上不明亮，下不晦暗，纷纭不绝，不能准确地描述，只能勉强地纳入“无”的范畴。既无形状，又无物象，人们用恍惚来称谓它。若接近它、欢迎它，看不到它的头，若追赶它、跟随它，找不到它的尾。若任用古人的法则去分析和化解今天面对的疑问，可能找到事物的来龙去脉。找到事物的来龙去脉，分析和化解今天面对的疑问，便是遵循道的法则，对道的认知与体验有所感悟和把握。

【品 读】

在前面的第六章和第八章，老子分别以具体的山谷和水，来比喻道的虚空和柔弱。本章则抽象地描述道的性质，阐述认识道的重要性、尊重道的规律性。道，超越任何事物，它无形无状，看不见、听不见、抓不住。无法用语言描述它的属性。所以，在本章中，老子为了让人们对超脱于具体事物之上的道有一个更加清晰的认识，就用现实世界的一些概念，来对它加以解释，然后再一一否定，反衬出道的深微奥秘。道的普遍规律，自古以来就支配着现实世界的存在和变化，若能认识和把握现实世界的存在和变化，便是在把握道的运动规律、认识道的普遍原理。唯有悟出道的特性，并尊道、守道、循道的人（圣人），能从现实世界的存在和变化中，了解和把握到自古以来就支配着现实世界存在和变化的道，并顺应道的发展和变化。

人类用有限的感官去认知道，看不见、闻不着、握不住，便任用合而为一的方式，干脆把道看作一个抽象的整体，模模糊糊、恍恍惚惚、无明无暗、无始无终、无上无下、无前无后、无大无小的一个整体。只可感知，分而描述，不可校正，整而绘之。这是对第一章“道可，道非”、“名可，名非”的进一步说明。老子又称“道”为“一”。为了尽量表述得准确，老子给道加注了许多概念，称道为没有形状的形状、没有具体物象的物象，所以谓之惚恍。这样虽然有些难以理解，但它已是所有词语中最能描述道的选择。因为道是支配万物的，但它又存在于冥冥世界和万物之中，无迹可寻；同时它又是多变的，是不易被人们所把握的。看不到它的前进和后退，看不到它的运动和静止，看不到它的光明和黑暗，它是永恒的，是生生不息、绵延不绝的。当我们感觉到它的存在时，它又好像回到无迹可寻的状态中去了。它恍惚缥缈、若有若无、若明若暗，令人捉摸不定。但是，只要人们的行为顺道而行，就能一帆风顺、事事遂心；相反，如果逆道而行，人们的行为就会处处受阻，甚至遭受灾殃。因此，人类要认识和把握世间的万物，就必须把握道。只有把握了道，才能知阴阳之消长，明五行之变化，究有无之功用，察当下之秋毫，识未来之天机。

第十五章

古之善为道者[1]，微妙玄通，深不可识。夫唯不可识，故强为之容[2]：豫[3]兮若冬涉川[4]，犹[5]兮若畏四邻[6]，俨兮[7]其若客[8]，涣兮若冰之将释[9]，敦兮其若朴[10]，旷兮其若谷[11]，混兮其若浊。孰能浊以止，静之徐清？孰能安以久，动之徐生？保此道者，不欲盈[12]。夫唯不盈，故能敝而新成[13]。

注释

[1] 善为道者：指得道之人。

[2] 容：形容、描述。

[3] 豫：原是野兽的名称，性好疑虑。豫兮，引申为迟疑慎重的意思。

[4] 涉川：战战兢兢、如临深渊。

[5] 犹：原是野兽的名称，性警觉，此处用来形容警觉、戒备的样子。

[6] 若畏四邻：如同强敌在四邻。
[7] 俨兮：形容端谨、庄严、恭敬的样子。
[8] 客：一本作"容"，当为客之误。
[9] 涣兮若冰之将释：形容冰凌消融的样子。
[10] 敦兮其若朴：形容敦厚老实的样子。
[11] 旷兮其若谷：形容心胸开阔、旷达。
[12] 不欲盈：不觉得圆满，不自以为是。盈，满。
[13] 敝而新成：保护好旧东西本质的同时不断更新的意思。

【老子说】

古时候善于遵循道的人，从细微处起步，朝最好的方向努力，力争实现其远大理想。其深刻用意，常人不能理解。由于不能理解，就勉强地描绘为：他小心谨慎，好像冬天踩着冰面过河；他警觉戒备，好像防备着邻国的进攻；他郑重严谨，好像在域外做客；他行动洒脱，好像冰凌缓缓消融；他纯朴厚道，好像等待加工的厚实木料；他旷远豁达，好像深幽的山川河谷；他浑厚宽容，好像一渊浊水。谁能使浊水平静，慢慢澄清？谁能使静水长久安然无恙，又能慢慢显出生机？只有那些能够遵循道的人。他们不自以为是，不自我满足，在遵循道的基础上与时俱进，既发扬光大，又不断创新。

【品 读】

本章，老子称赞得道之人的“微妙玄通，深不可识”（马王堆本为“深不可志”，“志”字应更合老子本意），是因为他们掌握了事物发展的普遍规律，懂得运用普遍规律来处理现实存在的具体问题。得道之人具有良好的人格修养和心理素质，有很强的静定功夫。他们表面上清静无为，而实质上蕴藏着极大的潜能，他们极富创造性，极富凝聚力，只是不愿显山露水。他们静谧幽深，难以察识。因而得道之人的精神境界，要远远超出一般人所能理解的范畴，很难用语言文字来描述。正如老子所言：

“豫兮若冬涉川”。全句的意思是：得道之人的每一步行动都是非常警惕、小心的，就如同冬天过河一样小心谨慎。老子生活在长江以北，冬天河面冰封，踏着冰面过河，肯定十分危险，稍有不慎就会滑倒，甚至掉进冰窟里丢掉性命。得道之人，无论遇到什么样的情况都会表现出谨慎的态度，如同冬天走过结冰的河面。

“犹兮若畏四邻”。全句大意是：得道之人在日常生活中处处严格要求自己，约束自己的言行，不逾越常规；不干扰邻居的生活，也就不招致邻居的反感。人是群居动物，得道之人也是人。离群索居者不可能是得道之人，当他们和四邻交往的时候，就不可避免地产生矛盾。处理矛盾的过程便是得道的具体体现。一个人的道德观、人生观、世界观、处世行为、主事原则，在与人相处中，最能反映一个人的道德水平。

“俨兮其若客”。俨，端庄恭敬、严肃认真的样子。该句可理解为：得道之人无论在什么场合、什么情形之下，始终把自己摆在客人的位置上，小心谨慎、端庄恭敬地待人，严肃认真地处事。从生命的本质意义上来说，每个人都是社会列车上的匆匆过客，都是大自然的普通一员。人类和其他生物一样，不能超越生和死。这是大道的必然规律，得道之人和大道同步，他们以谦逊的心态做人、忘我的作风处世，严肃认真地对待生活中各项事务，这是他和世间常人的本质区别。

“涣兮若冰之将释”。涣，涣散；释，消解，形容旷野冰封解冻的情状，比喻得道之人能主动从自己的欲望、梦想、追求、知识、能力等束缚中解脱出来，回归本我，有难以言表的轻松、愉悦和悠然自得。这种感觉就像是冰封了一个冬季的山谷，在春风的吹拂下慢慢消融，是一种轻松惬意、潇洒自如的觉悟。老子把得道者的觉悟恰当地比喻为大地回春、冰消雪融，从而焕发出自然的勃勃生机。就得道者而言，他冲破冰封，完成自我解脱，不再执着于一事一物，了无牵挂，自然也就逍遥自在了。

“敦兮其若朴”。敦，淳厚、厚重；朴，未经加工的木料。整句话的意思是：得道之人能以其端庄厚实的本质，自然地抵御外界的干扰和诱惑，因而表现出敦厚实在的品格。

他们过着简单朴素的生活，没有欺世盗名的做派，也没有装腔作势的表演。后人常常用浑金璞玉来形容，既有真材实料，又不显山露水，既为蕙质兰心，又能默默无闻。

“旷兮其若谷”。旷，开阔、空旷；谷，比喻像山谷一样虚空。全句可理解为：得道之人心胸开阔、敞亮，如同山谷一般空虚高深。他们能够藏污纳垢、包容万物，无恩无仇，无敌无友，无亲无疏。既无所谓布德，也无所谓施恩，无所谓清洁，无所谓污秽，无所谓烦恼和祸患，与外在世界浑然一体。因此，体悟大道的人，他自在无为、随道使然。遵道所指，随心所欲。

“混兮其若浊”。浊，混浊。意思是得道之人的表现，似乎是不谙世事，放任自流的一泓浑水。

“孰能浊以静，止之徐清”？谁能使混沌的世道平静下来，慢慢澄清？

“孰能安以久，动之徐生”？谁能使沉寂的世界安然无恙，并慢慢地焕发出生机？

“保此道者，不欲盈。夫唯不盈，故能敝而新成。”只有守道循道的人，他们在习道的征程中，总感到自己做得不够。不自我满足、不自以为是，从而不断地破旧立新、推陈出新、与时俱进，既能浊以徐清，又能安以徐生。

第十六章

致虚极，守静笃[1]。万物并作[2]，吾以观其复[3]。夫物芸芸[4]，各复归其根。归根[5]曰静。静曰[6]复命[7]。复命曰常[8]。知常曰明[9]。不知常，妄作，凶。知常容[10]，容乃公，公乃全[11]，全乃天[12]，天乃道，道乃久，没身不殆。

注释

[1] 致虚极，守静笃：致，春秋古义有“委身”之义。虚和静都是形容人的心境是空明宁静状态。人生在世，由于外界的干扰、诱惑，欲念丛生，必须做到“致虚”和“守静”，才可以实现心灵的清明。极、笃，意为极度、顶点。

[2] 作：生长、发展、活动。

[3] 复：循环往复。

[4] 芸芸：茂盛、纷杂、繁多。

[5] 归根：根指道，归根即复归于道。

[6] 静曰：一本作“是谓”。

[7] 复命：复归本性，重新孕育新的生命。
[8] 常：指万物运动变化的永恒规律，即守常不变的规则。
[9] 明：明白、了解。
[10] 容：宽容、包容。
[11] 全：周到、周遍。
[12] 天：指自然的天，自然界的代称。

【老子说】

彻底抛弃主观意识，不带任何观点，忘我淡定，平静地坚持，看世间万物的生、成、变、功、灭，我们就能看到万物周而复始的规律。芸芸众生，从起点出发，不断变化，最终又返回到了新的起点。这种现象称之为静。静就是回归到生命的本来状态。这种回归，是生命的普遍规律。认识到这个规律就叫明智，看不到这个规律就叫狂妄。狂妄行事会造成灾难。懂得遵循自然规律的人就能宽容大度，善于接受各种不同意见，处事坦然、公正，从全方位考虑。从全方位考虑，叫作顺从天意，顺从天意就是得道，得道就能长久。因此，得道循道的人终生都不会有灾难和危险。

【品 读】

道的本质和修行的最高境界，就是达到“虚”的极致和虔诚地守住一个“静”字，因此，老子希望人们彻底抛弃既有的认知和意识，以虚寂沉静的心境去观看世间万物，并从中悟到道的真谛，体会得道者怎样对待事物，达到“没身不殆”的境界。大道，虚是其常，有是其变；静是其常，动是其变。有、动最终必归于不有、不动。所以，万物虽纷纷扰扰，只需以虚含有，以静待动，并且不意其有，无意其动，随着事物的变化而变化，使自己处于无以己为的境地。

“致虚极，守静笃。”致，春秋时期有“委身”之义，即将身置于静寂无极的虚空中，也就是彻底抛弃主观意识。静是本来如此的状态，是修行中的一种自我觉醒状态，是修道者在修行中，身心完全融于太虚之中，实现了“物我两忘”的状态。

“复命曰常，知常曰明。不知常，妄作，凶。”静是生命的根本，也是生命的本质，回归了这个根本就是常。常是自然法则，是虚可包容、静可迎动。知道这个道理就是明。明，就是智慧、通达、悟道。而不知虚、静，就会胆大妄为，害人害己。老子的意思是说：万物生生灭灭是大道的自然法则，认知且不加干涉是明智的，如果既不认知，还凭个人意愿妄加干涉，那必将发生凶险的过程或灾难性的后果。

“知常容，容乃公，公乃全，全乃天，天乃道，道乃久，没身不殆。”处理任何事务，要懂得遵循自然法则的常，做到虚可包容、静可迎动。因此要能够听取不同的意见、建议和要求，寻求公正合理的方式方法和途径。公正合理就是从全方位全过程考虑，从全方位全过程考虑就能尊重自然法则，尊重自然法则就能守道循道，替天行道。守道循道，替天行道，就能长期立于不败之地，至死都不会有什么后患。

第十七章

太上[1]，不知有之[2]；其次，亲而誉之；其次，畏之；其下，侮之。信不足焉，有不信焉。悠兮[3]，其贵言[4]。功成事遂，百姓皆谓我：“自然。”

注释

[1] 太上：至上、最好，指最高层次的悟道者。
[2] 之：代词，这里指道。
[3] 悠兮：深思的样子。
[4] 贵言：重视这些话。

【老子说】

善于循道、守道的人，不会认为有道的存在；其次者，接近道并推崇道；再次者，敬畏道；更次者，轻蔑道，践踏道，逆道而行。有些人对道认识不足，或根本就不相信道，这值得我们深思啊。但是，每个人关于道的言论都应当受到世人的尊重，待到事物在大道的作用下取得成功或如愿以偿时，老百姓就会说："这是很自然的。"

【品 读】

大道无言而长存，大道无为而万能。常言道，"强扭的瓜不甜"。还没等到西瓜成熟就扭摘，一个没长熟的白瓤瓜又怎么会甜？如果人们凭着自己的感觉主观臆断，不顺应自然规律，不适时而为，必然会自食其果。这里的自然规律也就是大道的一部分。在现实生活中，一旦人们的行为与大道吻合，就自由自在、事半功倍；而一旦违背大道，就必然会受到道的惩罚。为了不遭受道的惩罚，就必须合乎道，顺应道，切勿为所欲为。

老子把悟道者分为四个等级，即太上、其次、再其次、其下。

"太上，不知有之"指最高层次的悟道者，凡事顺应自然，自觉守道循道，但他感觉不到道的存在。

"其次，亲而誉之"是稍逊一筹的悟道者，凡事都搬出道的理念，生搬硬套，让人感觉到他是最贴近道、推崇道的。

"其次，畏之"是不悟道但敬畏道的人。在处事的过程中，对道的作用心存敬畏。其主观上只想多以己为，凡事先为自己考虑，让人感觉不到他有叛道离道的特征。但他又害怕叛道离道，不敢为所欲为。

“其下，侮之”是不识道更不循道的人，凡事只凭自己意愿，一意孤行、专横跋扈、为所欲为，不相信世间有道，公然背离道、践踏道。

因此，老子宣传道、阐述道，推崇循道。“信不足焉，有不信焉。”对道的认识，有认识充分而相信其客观存在的，有认识不充分而将信将疑的，也有根本不认识道而不相信其客观存在的。“悠兮，其贵言。”这值得我们深思啊，设身处地为他们想一想，每一个人的观点和言论都应当得到尊重。“功成事遂，百姓皆谓我：‘自然’。”在不同的领域，大道的作用充分发挥，事物的发展成功地走向了应有的归宿。面对成功或如愿以偿的事实，老百姓就会恍然大悟，说，这是大道的自然结果哟。

第十八章

大道废，有仁义[1]；智慧出[2]，有大伪；六亲[3]不和，有孝慈[4]；国家昏乱，有忠臣。

注释

[1] 仁义：人性中有道德仁义礼智信七个档次，道为最高档。
[2] 智慧：聪明、计巧。
[3] 六亲：父子、兄弟、夫妇。
[4] 孝慈：一本作“孝子”。

【老子说】

客观存在的道，不被世人所重视，甚至置之不理、废而不循，世间还会有仁爱之心；倘若仁爱之心都没有了，聪明计巧的手段就会出现，就会产生奸伪巧诈的现象；父母兄弟（姊妹）夫妻间出现了纠纷，才能显示出孝悌与慈爱；国家陷于混乱的时候，才能分辨出谁是忠臣。

【品读】

本章意在描述道的另一种表现形式：拾漏补缺，以立补破，以新换旧，不断变化。比如人类社会，一旦不遵循道，各种社会乱象就会产生。与第二章“有无相生，难易相成”相呼应。大道盛行之时，仁义自然地存在于人们的行为当中。人们感觉不到道的存在，也就没有倡导仁义的必要。当社会秩序混乱、大道缺失、仁义泯灭的时候，人们才会由于缺乏这些东西而大加倡导。

老子认为，人世间的大道被人为地废弃了，人们才会制定礼仪（法律法规、行为规范等），并以此来规范人们的行为，区别贵贱、美丑、善恶，结果原本没有的虚伪和奸诈也随之而来。他从事物的表象看出问题的本质，从结果看出原因，这个本质和原因往往就隐藏在表象和结果的反面。

人，是最复杂的情感动物，拥有自己的思想和意识，能够进行思考，在处理问题时，更有各自独特的想法和行为准则。人类虽然由大道生成，而且在大道中发展壮大，但随着自我意识的觉醒和膨胀，越来越变得狂妄自大、唯我独尊起来。人类忘记了自己的由来，不再遵循自然大道，这种对大道的漠视，使得人们离大道越来越远。偏离大道越远，带来的直接后果就是人类自取灭亡（参见王东岳《物演通论》）。为了避免人类灭亡之类的惨剧，老子提出了道、德、仁、义、礼的发展规律（见第三十八章）。

“仁义”，在本章中是指那些合情合理、合乎道义并热爱同类的行为。仁义能带来和睦安定，不仁义将招致祸患灾殃。人们在明白这个道理之后，就纷纷行仁义，这是人们既没有“智慧”也没有守道的一种表现。

大道作为社会自然的准则被抛弃，低一个层次的仁义就自然而生。由此类推，当违背大道的各种“智慧”出现以后，信也被抛弃，大伪就产生了。为什么会出现这一情况呢？由于人类欲望的驱动，人们会利用各种手段来满足自己的私欲。有些人为了追求个人利益，不择手段造假售假；有些人为了职位的攀升，对上级溜须拍马、阿谀奉承；有些人为了给自己开脱罪责，不惜蒙骗别人，颠倒黑白；还有一些人成天摆出一副忠实的面孔，其实心里早已孕育了坑害别人的心机，他们使用种种伎俩，只为一己私利。他们心中没有道德，没有仁义，却总是装出一副道貌岸然的样子，其虚伪本质掩藏在华丽的外表和花言巧语之中。这种处处蒙骗别人的行为就叫大伪。一切假冒伪劣、坑蒙拐骗的行为，都是人们运用“智慧”的缘故。有“人为”即伪。这里的人为就是人们刻意地为满足私欲去行动，是违背大道的行为，而不是顺应自然的行为。所以老子认为这种人为的东西都是虚伪的，不是朴素自然的；这种人为，自觉不自觉地掺杂了人的智慧，其结果就有了坑蒙拐骗、尔虞我诈、钩心斗角等现象。

同样的道理，六亲不和睦了，定会提倡孝和慈；奸臣当道，国家昏乱了，定会发现忠臣、启用忠臣。六亲不和睦也是人有智慧的结果。有智慧就有竞争，有竞争就有矛盾和争斗，这种争斗由小到大，危及一个家庭乃至整个国家的安宁，于是不得不制定一些行为规范。做儿女的应该孝顺自己的父母，做父母的应该疼爱自己的孩子，也就是孝和慈。大道盛行时，人们心中不可能具有这些概念，就无所谓孝和慈，大家其乐融融，无老无少，适长适幼，一派祥和的景象。而一旦大道偏废，人们的头脑中就有孝和慈的标准。社会以这个标准来判断他人的行为，只要某人不慈不孝，就会被别人多加指责。所以，六亲不和，才会彰显孝慈。“国家昏乱，有忠臣。”国家安定的情况下，人民富足、生活自由，看不到忠臣的能量，这如同有道的圣人通常不被世人所知道一样。和平安定的时期，忠臣们与常人无异，但在国家出现混乱的危急关头，忠臣就会挺身而出，拯救国家于危难之中。

第十九章

绝圣弃智[1]，民利百倍；绝仁弃义，民复孝慈；绝巧弃利，盗贼无有。此三者[2]以为文[3]不足，故令有所属[4]：见素抱朴[5]，少私寡欲。绝学无忧。

注释

[1] 绝圣弃智：此章郭店本为“绝智弃辩，民利百倍；绝巧弃利，盗贼无有；绝为弃虑，民复孝子，三言以为使不足，或命之或呼属，视素保朴，少私寡欲”，没有“绝学无忧”一句，但马王堆帛书本有此句。

[2] 此三者：指上述三句。

[3] 文：条文、法则。

[4] 属：归属、适从。

[5] 见素抱朴：意思是保持原有的自然本色。“素”是没有染色的丝；“朴”是没有雕琢的木。

【老子说】

抛弃聪明计巧、自以为是的智慧，不对老百姓指手画脚，人民可以得到百倍的好处；抛弃仁和义的教诲，人民自然会恢复孝和慈的天性；抛弃用计巧追求难得之货的欲望，盗贼也就不会产生。摒弃“智”、“仁”、“巧”三者，不能只做表面文章，而要实事求是，遵循客观规律，因时因地制宜，制定相应的规章制度，促使人们充分体现出纯洁朴实的本性，克制私心，少生贪念。只要人们不受“智”、“仁”、“巧”的感染，抛弃一切人为之念，社会就没有祸患，统治者也就无忧无虑。

【品 读】

在前一章中，老子说“智慧出，有大伪”，因此他在本章的开篇就点明“绝圣弃智”。智慧是个好东西，但好的东西不一定有好的用途。也就是说，如果将聪明才智用于为百姓服务，用于积善养德，那无疑是好的，应该大力提倡。若用到损人利己、假公济私的事情上去，那就十分可恶，还不如绝圣弃智。老子主张的绝圣弃智的“圣”和“智”，指容易滋生巧诈的“圣”和“智”。巧诈背离大道，巧诈害人害己。若拿巧诈来治邦，就容易形成扰民害民的“有为”之政。在原始社会，人类的认知有限，人们和谐相处。可随着认知的增多，人们逐渐具备了改造自然的能力，认为自己是万物的主宰，出现了欺诈、猜疑和互相残杀的行为，并且因不断打乱自然的平衡，而遭到大自然的惩罚。如核电站事故、地球气候恶化、传染病增多等，这都是人类为拥有智慧和巧诈而付出的代价。有一则这样的寓言故事：一架客机在沙漠失事，留下了十一名幸存者。幸存者中，有教授、官员、经理、军官、主妇……还有一个智力障碍者。沙漠白天的气温五十多摄氏度，要想生存就必须及时找到水源。求生的本能支撑着每个人都去寻找水源。然而，沙漠总是捉弄人，当他们看到一片绿洲，狂奔而去时，绿洲却瞬间消失了，一连几天都是如此。于是，他们意识到，自己发现的绿洲，只不过是海市蜃楼，只不过是一种幻觉。他们为此黯然神伤、心灰意冷，不再相信沙漠里有水源。而智力障碍者在其他人彻底放弃寻找水源之后，他还在拼命地寻找，最后他爬上一个沙丘，看到了水，就呼喊着让其他人过去，可没有一个人理会智力障碍者的话。几天后，当救援人员赶到时，发现只有智力障碍者还活着，其他十个人都死了。为什么呢？智力障碍者不懂得什么叫海市蜃楼，也不知道什么叫幻觉，但他知道渴了要喝水、饿了要吃饭，不会推理，不会等死，而那些有智慧甚至高智慧的人恰恰相反，他们的聪明才智将他们推向了绝路。当然，笔者不是倡导人们去做智力障碍者，只是启发人类不要用自己的智慧去蔑视人、猜疑人、妨碍人、伤害人或动物，不要改变动植物的本来属性（如转基因等），而要质朴淳厚、少私寡欲，顺其自然。否则，将危害自身。“绝圣弃智，民利百倍”，社会稳定，不需要圣明的主意，不需要智慧的安排，只要遵循大道，对老百姓百般有利；“绝仁弃义，民复孝慈”，社会和谐，人人都遵大道，不需要倡导仁义，老百姓自然会孝敬长辈、关心晚辈；“绝巧弃利，盗贼无有”，统治者放弃个人私欲，不巧立名目搜刮民脂民膏，不追逐个人私利，人人平等，社会大同，就不可能产生偷盗的现象。“此三者以为文不足，故令有所属。”要实现抛弃的社会生活目标，仅做些表面文章，颁布一些法律法规还不够，还要有专人向民众解释，让每个人都知道，什么是可做可行的，什么是不可做不可行的。“见素抱朴，少私寡欲。”让全社会的人都体现出纯真朴素的本性，少一些私心，少一些欲望。“绝学无忧”即杜绝偏离大道的学问传授，使人们不受“智”“仁”“巧”的感染，社会不受“智”“仁”“巧”的左右，国家就能安定祥和，没有忧患。

第二十章

唯之与阿[1]，相去几何？美之与恶[2]，相去何若？人之所畏，不可不畏[3]。荒兮[4]，其未央[5]哉！众人熙熙[6]，如享太牢[7]，如春登台[8]。我[9]独泊[10]兮，其未兆[11]，如婴儿之未孩[12]；傫傫兮[13]，若无所归！众人皆有余[14]，而我独若遗[15]。我愚人[16]之心也哉！沌沌兮[12]！俗人昭昭[18]，我独昏昏[19]。俗人察察[20]，我独闷闷[21]。澹兮[22]，其若海；飂兮[23]，若无止。众人皆有以[24]，而我独顽且鄙[25]。我独异于人，而贵食母[26]。

注释

[1]唯之与阿：唯，恭敬地答应，这是晚辈回答长辈的声音。阿，怠慢地答应，

这是长辈回答晚辈的声音。唯的声音低，阿的声音高，这是区别尊贵与卑贱的用语。唯有允诺的意思，阿有训斥的意思。

[2] 美之与恶：美，一本作善，恶作丑解。即美丑、善恶。

[3] 畏：第一个畏是敬畏、敬服，第二个畏是惧怕、畏惧。

[4] 荒兮：广漠、遥远的样子。

[5] 未央：未尽、未完。

[6] 熙熙：熙，和乐，用以形容纵情奔放、兴高采烈的情状。

[7] 享太牢：太牢是古代人把准备宴席用的牛、羊、猪事先放在牢里养着。此句为参加丰盛的宴席。

[8] 如春登台：好似在春天里登台眺望。

[9] 我：可以将此“我”理解为老子自称，也可理解为“体道之士”。

[10] 泊：淡泊、恬静。

[11] 未兆：没有征兆，没有预感和迹象，形容无动于衷。

[12] 孩：长大成人的意思。

[13] 傫傫兮：疲倦闲散的样子。

[14] 有余：形容很多，自用有余。

[15] 遗：不足的意思。

[16] 愚人：纯朴、直率的状态。

[17] 沌沌兮：混沌，不清楚。

[18] 昭昭：智巧光耀的样子。

[19] 昏昏：愚钝暗昧的样子。

[20] 察察：严厉苛刻的样子。

[21] 闷闷：纯朴诚实的样子。

[22] 澹兮：辽远广阔的样子。

[23] 飂兮：狂暴的风。

[24] 以：代词，代指“唯阿”、“美恶”、“所畏”。

[25] 顽且鄙：形容愚陋、笨拙。

[26] 贵食母：母用以比喻道，道是生育天地万物之母。

【老子说】

听人说教与对人说教，相差多少？美好和丑恶，又相差多少？人们所敬畏的就不得不敬畏，这种思想荒谬得不着边际。但这种风气却又沿袭不已。众人随大流，熙熙攘攘、兴高采烈，如同去参加盛大的宴席，如同春天里登台眺望美景。众人认可“唯阿”、“美恶”、“所畏”，我却独自淡泊宁静，无动于衷，好像什么也没有看清。我就像婴儿还没有长大成孩，瘫躺在获取知识的渡船上，不知走向何方。众人所能做的说教太多了，而我却像那被晾在一边的婴儿，愚笨混沌，只有一颗愚笨的心。普通人都能炫耀其所掌握的知识，而我却迷迷糊糊；普通人都能看清所看的事物，而我却懵懵懂懂，如坠入云海，恍恍惚惚，漂泊不定。世人都有分辨“唯阿”、“美恶”、“所畏”的本事，唯独我愚顽不化，浅薄无知。但我自有与众不同的地方，那就是在处理事务时，我不随大流，吸取道的营养，探寻道，尊重道，遵循道。

【品 读】

本章是老子的思想独白，也是老子思想的精华部分，可谓老子哲学的点睛之笔。

美丑、贵贱都是相对而言的，随着环境的变化而变化。

与其像俗人那样追逐世间的美与贵，追求智慧和利益，倒不如依道而行，做个“愚人”。

在常人看来，美和丑是对立的概念，人们普遍喜爱美好的事物，而讨厌丑恶的东西。受这种思想的驱使，人们往往会不惜一切代价去追求美好的事物，当追求得到满足时就欣喜若狂，而一旦无法实现自己的愿望时就沮丧郁闷。但识道守道循道之人就不同，他们心目中没有美和丑的概念，一切皆属自然。不存在要刻意追求什么，也就无所谓得和失，更不会有痛和烦。如果一个人不识道、不守道、不循道，整日为自己个人的喜恶而忧心劳碌，其人生的幸福感必将大打折扣。

老子认为，唯阿、贵贱、善恶、是非、美丑、优劣之间的种种差别都是人们按照世俗的眼光来判定的，不符合大道。而人们以自己的主观意识为标准来看待世间的事物，必然会导致对整个社会价值的认识固定。老子揭露了社会上层追逐物欲的贪婪之态，也从相反的的角度描绘了他自己的形象。文中的“我”虽然是指老子本人，但又不仅仅局限于他个人，可推及有抱负、有理想、有作为的一类人。众人对是非、善恶、美丑的判断，有固定的标准。而“我”是“愚人之心”，淡泊无为，更不愿随波逐流。当众人都沉浸在春天般的美景、享用着丰盛的美餐时，老子却无动于衷，淡泊宁静，如同刚出生的婴儿一般无欲无求。

正因为“我”的“愚人之心”，才得以心灵空虚，了无牵挂，无为自在。“聪明人”凡事都要争出个高低曲直，以不知强为知，不聪明强装聪明。而“我”却哑口无言，闷闷不语。众人都要有所作为，而“我”却清净寡为，这在众人看来，“我”是多么冥顽不化、卑鄙下贱！老子通过众人的热衷反衬自己的淡泊。老子“沌沌”“昏昏”“闷闷”的思想境界，显然与众人的思想格格不入，原因在于他看清了世界，看懂了大道，特别注重洞察万物的根源及其变化规律。老子整日处在大道之中，无言无为、无欲无求，自然也就无忧无虑、无伤无痛、逍遥自在，这便是他识道守道循道得道的人生哲学，也是他与众人最大的不同之处。

第二十一章

孔[1]德[2]之容[3]，惟道是从。道之为物，惟恍惟惚[4]。惚兮恍兮，其中有象[5]；恍兮惚兮，其中有物；窈兮冥兮[6]，其中有精[7]，其精甚真[8]，其中有信[9]，自古及今[10]，其名不去，以阅众甫[11]。吾何以知众甫之状哉？以此[12]。

注释

[1] 孔：甚，大。
[2] 德：道的显现和作用为德。
[3] 容：运作、形态。
[4] 惟恍惟惚：恍惚，仿佛、不清楚。
[5] 象：形象、具象。
[6] 窈兮冥兮：窈，深远，微不可见。冥，暗昧，深不可测。
[7] 精：最微小的原质，极细微的物质性的实体。微小中之最微小。
[8] 甚真：是很真实的。

[9] 信：信实、信验，真实可信。
[10] 自古及今：一本作“自今及古”。
[11] 众甫：“甫”通“父”，引申为始祖。
[12] 此：道。

【老子说】

无所不包、无所不能的道，怎样显现和发挥作用呢，只有遵循道的理念才能找到答案。若要把道作为一个实体来描述，则无从说起。它恍恍惚惚，其中似有形象，它恍恍惚惚，其中似有实物，但是，这象和物都深奥难测、晦暗难明；其中似有精气，唯有这精气是最真实可信的，它客观存在并不断传承。从古代到当今社会，道所带来的变化绵延不断，人们依据道所带来的变化，能体察到万物的初始形态。要不，我怎么知道万物的初始状况呢？就是遵循道的理念去认知的。

【品 读】

本章以“孔德之容，惟道是从”统领全篇，再次对大道作了描述。“孔”字的意思，归纳起来有广大、非常、通达、博大等内容。“容”指的是包容，也可理解为德的表现形式。道是恍恍惚惚、似有若无的。然而在恍惚之中存在着一种形象，隐约可以感知；在恍惚之中还有一种物质在流转，似乎也可以触及。可以感知的事物在恍惚之中客观存在并不断传承，我们无法用肉眼看到，但是其中至微至妙的东西真实地存在，那便是事物的本质所在。这个本质已超出了那个时代人类所能认识的范围。它虽然超出了当时人类所能认识的范围，玄妙而深不可测，但有具体情状，而且这一情状是非常真实的，即“其精甚真”。不仅如此，其情状还可以用事实来检验。那就是自古及今，观察推演。鸡由蛋生，鱼由卵化。道生之物，恒用之名，未曾离去。由此即可看到万物初始及变化之状。老子这种认识事物的方法论，已经得到了当今科学技术的充分证明。人与动物同源，动物与植物同源，有机物与无机物同源。

大道是恍惚的，大德唯大道之命显现。大德是大道的一种动态表现，它像大道一样恍恍惚惚、幽暗深远。道与德是一体两面，道是德的根本，德是道的显现。无道就无德，有道方显德，合乎道者德生，不合乎道者德亡。德对于人类而言，是道行的具体表现形式，是一个人的品格、能量、作为和担当，是习道者体现出来的内在素质和行为准则。只有真正合乎大道的人才能拥有大德，才能将道行发挥到极致。这就是大道和大德的关系，人们对大道和大德的关系有了深刻的认识，并将它们在实践中加以验证，就能领悟到大德的丰富内涵和意境，从而树立合乎大道的世界观、价值观和人生观。

第二十二章

曲则全，枉[1]则直；洼则盈，敝[2]则新；少则得，多则惑。是以圣人抱一[3]为天下式[4]。不自见[5]，故明[6]；不自是，故彰；不自伐[7]，故有功；不自矜，故长。夫唯不争，故天下莫能与之争。古之所谓“曲则全”者，岂虚言哉？诚全而归之。

注释

[1] 枉：屈、弯曲。
[2] 敝：破旧。
[3] 抱一：抱，守。一，即道。此意为守道。
[4] 式：法式，范式。
[5] 见：同“现”。
[6] 明：彰明。
[7] 伐：夸。

【老子说】

受得住委屈才能保全，经得起矫枉才能正直。低洼之处，水可充盈，陈旧之物才会更新。取得较少便是获得，贪得过多便会坠入迷途。所以，圣人始终遵守道的法则，做天下人的表率。一个人不图表现，才能看出他的才华和特点；不自以为是，才能看出他的英明睿智；不自我吹嘘，他的贡献和功劳被广为传颂；不为自己塑造威严高大的形象，他的崇高品德也能万古流芳。他的德行不是为个人争得功名利禄，而是遵循道的理念，像雨泽万物那样，作所应作，为所当为。所以天下没有人能与他争功。古时候所谓“委曲才会保全”，真不是空话啊！诚诚恳恳、老老实实地遵循道的理念，就能够达到与道合一的境界。

【品 读】

本章是辩证思想的再次阐述。古往今来，很多人只看到事物的表象，看不到事物的本质。老子从自己的生活经验中总结出如此智慧的思想，给人们以深深的启迪。老子告诫人们，要开阔视野，要虚怀若谷，要坚定地朝着自己的目标前进。但是，如果不考虑客观情况，一味蛮干，其结果就可能适得其反。

在老子看来，不争符合道的本质，炫耀、贪婪、争强好胜的人违反了道，注定会落得个不幸的下场。“木秀于林，风必摧之”，“塞翁失马，焉知非福”，都反映了任何事物都存在对立统一的两个方面。老子用“曲则全，枉则直；洼则盈，敝则新；少则得，多则惑”来阐述道就是顺其自然的观点。如“洼”与“盈”，同样是一个木桶，“洼”是空木桶，“盈”是木桶盛满了水，若往盛满水的桶里注水就没有任何意义。可普通人看问题却很片面，要么看不到深层次的内容，要么看不到相反的一面。只有圣人才能遵循道和顺应道，全面而深刻地认识事物的本质。

在自然界，万物无不守道 。它们为了生存，会不断施展自己的生存技巧。比如蛇，蛇是一种柔软的动物，正因为它柔软，所以它才可以任意改变自己的形状，可以躲避敌人的进攻，可以自由前行而不受外界环境的阻挠。假如蛇像木棍一样坚硬，它还能自由前行？

老子的委曲求全之道，在人生的处世之道上能释放出巨大的能量。他告诉人们：做人过于清高，必然招人嫉妒或打击；为人过于强势霸道，必然树敌过多而不能长久；待人过于严苛必然被人孤立。而保持低调，委曲求全，不但能够避害，还能趋利。在得道之人的眼里没有自己，自然也就没有别人或他物，没有任何东西遮蔽，自然就会清澈明亮，也就什么都能看得见。得道之人没有常人的善恶是非标准，自然也就没有等级、职位的差别。自认为没有对错，别人也无所谓善恶，他们心中没有功过的概念，更不会自以为了不起，自然会得到别人的赞扬、拥护和爱戴。可是常人则不同，有点成绩就沾沾自喜，恨不得马上要让天下人都知道。也许刚开始别人还能容忍，可是炫耀的次数多了，就会导致别人的厌倦，不但无法得到别人的认同和称赞，反而会招来讽刺和挖苦。这便是失道。世间万物皆源于大道，和大道融为一体的人拥有宇宙万物，还有什么需要争夺呢？得道之人不与人争，也就没有得；没有得，也就没有失。没有得失也就无所谓患得患失，没有患得患失也就没有痛苦和折磨。这是不与人争的美好体验。因此，享受自然的委曲，顺应自然的求全，是聪明的处世方略，是了悟大道的不俗行为，是真正的大智大慧，是真正的大德。具有这种大德的人，不但心境平静，而且人生还会释放出巨大的能量，因为他把所有的付出都看作一种自然和必然，他已经和大道融为一体了。

第二十三章

希言[1]自然。故飘风[2]不终朝，骤雨[3]不终日。孰为此者？天地。天地尚不能久，而况于人乎？故从事于道者[4]同于道，德者同于德，失者同于失[5]。故同于道者，道亦得之；同于失者，道亦失之。信不足焉，有不信焉！

注释

[1] 希言：意思是少说话。
[2] 飘风：疾风、强风。
[3] 骤雨：大雨、暴雨。马王堆本为“暴雨”。
[4] 从事于道者：循道办事的人。
[5] 失：指失道或失德。

【老子说】

少说多做、不说只做是很自然的现象。飓风刮不过一个早晨，暴雨下不了一整天。谁使它这样做的？天地。天地的狂暴尚且不能长久，更何况是人呢？所以一个人处理任何事情，应认识客观规律，尊重客观规律，合乎道的要求和法则。这样做就一切顺利，就好像与道融为一体了。因此，处事有两种方式，一种是合乎道，一种是不合乎道。合乎道者，道随人走；不合乎道者，道离人去。同样的道理，凡事也要合乎德的规范和要求。合乎德者，其人就是有德的典范，德的能量与他相得益彰；不合乎德者，其人就是失德的典型，德的能量与他不相匹配。合乎道者，自然会享受到道的偏爱；合乎德者，自然会享受到德的关怀。而那些不合乎道与德的人，道和德自然而然地抛弃他们了。在道和德的面前不能坚守诚信，道和德自然不会相信他并与他融为一体啊。

【品 读】

老子认为，一个人的内心修养、行为方式与他的处世境遇是相映成趣的。一个人对自然之道领悟到什么程度，自然之道就会给他什么程度的回报。因为，道是唯一的自然者，整个世界都是道的自然。所以，合乎道的人，就会得到道的回报；不合乎道的人，自然会受到道的惩罚。

“飘风不终朝，骤雨不终日。”“飘风”势不可挡，“骤雨”来势汹汹，都注定了不可能长久。“飘风”指狂风、大风，即当今所谓的飓风、台风之类。飘风可怕，但它不会整日不停地刮。不管“飘风”强大到什么程度，刮到一两个钟头，都会减弱甚至停止。因而任何“飘风”都不是终日不变的。“骤雨”，即多见于夏季的大暴雨，最多下一两个小时就停住了。所以，夏天的暴雨，也只会下一阵子，不会下一整天。在这里，老子把自然现象的因果规律，用来比喻说明“希言自然”的道理，说明道发挥作用的方式和特点，他告诉人们世间一切事物无不处在道中，人们要充分认识道的特点、遵循道的规律。

“孰为此者？天地。天地尚不能久，而况于人乎？”“天地”指的是自然界。“不能久”与前面的“不终朝”“不终日”同义，指不能漫无边际、不能持续不断。在人们眼里，天地神秘莫测，蕴含着巨大的能量。即便如此，天地也还要遵循道。天地的巨大能量都无法对抗自然的伟力，要循道守道，更何况在天地面前显得更加渺小的人类呢？

“故同于道者，道亦得之；同于失者，道亦失之。”得，获得，接纳，拥有，这里可以理解为“同在”。不管是修道还是循道，人的思想必须要与大道相一致，你得到了应该得到的东西，也一定会失去应该失去的东西。合乎道的成果要乐于得到，不合乎道的东西要乐于抛弃。乐于得的同时更要乐于失，有失才能有得。得与失的关系是对立统一的。所以，人类一定要正视自己的力量，一定要使自己的实践活动符合自然规律，不要做出违背自然规律的行为，否则就绝对不会获得预期的效果。求道得道，不是一朝一夕就能够实现的。一切违背自然规律的行为都是背道而驰的。人们要想求得大道的关怀和帮助，不但要有诚心有信心，还要有坚持不懈的恒心。自然现象容易发生变化，人的活动更容易发生改变。在这个世界上，只有事物的本质是永恒不变的。其他任何现象都很难持续不变。因此，人们要透过现象去抓住事物的本质，绝非易事。如果一个人透过现象看到了事物的本质，那么这个人就是识道。如果一个人观察现象时不能抓住本质，但他的认识水平已接近于事物本质的道了，则这个人就可能有德行。一个如果人根本不能认识道，就不可能有德行，则这种情况就称作“失”，而这个人就不得不与“失”处在同一个层次。要想达到道或是德的境界，人们就得坚持不懈地去追求道。也就是说，求道是实现道和德的先决条件。如果人们不去追求道，不去追求事物的本质，那么就只能一直处在事物本质以外的范畴——“失”之中了。

人类具有主观能动性，当主观能动性支配下的行为合乎自然规律时，人们就会从自然中得到益处；当主观能动性支配下的行为不合乎自然规律时，人们就会遭受自然的惩罚。诚如孟子所言：“得道者多助，失道者寡助。”近代以来，很多自然灾害和社会灾难的发生都证明了这一点，这样的例子不胜枚举。总之，谁违背大道大德，谁就会受到大道的惩罚。对于“我”说的这些关于道的理论，“信不足焉，有不信焉”。有的人不充分相信，有的人干脆不相信。

第二十四章

企[1]者不立，跨[2]者不行，自见者不明，自是者不彰，自伐者无功，自矜者不长。其在道也，曰余食赘行[3]，物或恶之，故有道者不处。

注释

[1] 企：同“跂”，意为踮起脚跟，脚尖着地。
[2] 跨：跃、越过，阔步而行。
[3] 赘行：多余的形体，因饱食而使身上长出多余的肉。古代行、形通用。

【老子说】

踮起脚跟想要站得更高，则站立不稳；跨起大步想要走得更快，则不可能行走。一个人逞能图表现，叫不明智；自以为是，目空一切，叫不聪明；恃才傲物，固执己见，不可能建功立业；自高自大，自我夸耀，不可能长久。从道的角度去衡量，上述六类行为如同一个人贪吃过多的食物长出赘肉，动植物都不会喜欢他。所以守道、循道的人不会那样去做。

【品 读】

这一章还是讲“自然”的道理。自然，就是顺道而行，不自以为是，不妄行妄为。老子用极其精练的语言向人们阐释了人的主观意志和客观规律之间存在的矛盾，进而阐明自己的观点：人们只有遵循自然大道，依照客观规律行事，才能取得好的结果，才能避免事与愿违。这是老子哲学思想的精华。

“企者不立，跨者不行”。踮起脚跟难以站立得稳、站立得长久，这是由人的身体结构决定的。人类直立时，身体的全部重量都落在两只脚上，所以脚生得厚实、宽阔，以支撑沉重的身躯。如果这种平衡被打破，全身的重量就会落在脚尖上，而脚尖窄小、瘦弱，无力承担全身的重量。如果人们用脚尖支撑身躯，违背自然规律，是不合道的行为。在“企”的行为中，包含着一种凭着个人努力以抗拒天生制约因素的意图。这里的“企”和“跨”，都是指那些违背自然、自以为是、拼命炫耀自己能量的行为，其结果只可能是适得其反。“跨”是三步并作一步走的意思，也就是一条腿抬起来最大限度地往前伸，这种走法违背自然规律，又怎么能走得快呢？跨是为了加快速度，但是，跨的结果适得其反，因为只要这么一跨就走不了路。

人们为什么有企立和跨走的行为？是急于求成、焦急烦躁的思想作怪。企、跨这两个动作本身没有错，关键在于做这两个动作的动机违背了自然规律。人们为了达到目的而违背自然规律去行动，就是非正常行为，就是违背道。同样的道理，“自见”“自是”“自伐”“自矜”，这些也都是人们的非正常行为。这里的“自见”有两层意思，一是自我表现，二是坚持自己的主观看法。“自是”即自以为是。“自伐”包含五层含义：其一，只把自己看作生活的主宰，而看不到大千世界在主宰生活的一切；其二，只宣扬自己的主观意愿，不考虑客观的实际情况；其三，只看到自己所成就的一切，看不到除己之外他人所作的贡献；其四，在以上错误认识的基础上，只看到自我活动对于自己生活的意义与价值，看不到整个世界的活动对于自己生活的意义与价值；其五，看不到自我生存的意义与价值是何等的渺小或微不足道。“自矜”是自负和自夸的意思，即脱离实际、夸耀自我、标榜自我。一个人如果有了“自见”“自是”“自伐”“自矜”的心病，一定要及时反省，反省后还要自我改正。因为，这些心理支配下的行为，都是“余食赘行”。“余食”指摄入正常食量之后，吃喝多余的食物。“赘行”就是长出像瘤子一样的多余肉团，或者得了肥胖病。人的身体任何部位长出一块赘肉都讨厌，更何况得了肥胖病。“物或恶之”，任何一样东西，都有自然的定型，变体就不正常，即使是植物，长出来一个多余的附件，不但给自己增加负担，而且还令人讨厌。植物尚且如此，更何况我们人类呢？“故有道者不处”。所以，得道、守道、循道之士处世，他不自见、不自是、不自伐、不自矜。

本章从人的生理常识说起，引申到社会生活和精神生活，说明守道、循道是个人生活和社会生活的自然要求，也是成就人生、成就事业的必然要求。做事不可急于求成，做人不可贪图虚荣、不可过于张扬、不可刚愎自用，更不可妄自尊大。在现实生活中，做一个合乎道德的人，既要看到自我存在和自我活动的意义和价值，更要看到社会和整个自然界对于自身存在与发展的重要意义及重大价值，只有这样，才可以避免产生自高自大和自我炫耀的心理，才合乎道。

第二十五章

有物混成[1]，先天地生。寂兮寥兮[2]！独立而不改[3]，周行而不殆[4]，可以为天地母[5]。吾不知其名，强字之曰道[6]，强为之名曰大[7]。大曰逝[8]，逝曰远，远曰反[9]。故道大，天大，地大，人亦大[10]。域中有四大[11]，而人居其一焉。人法地，地法天，天法道，道法自然[12]。

注释

[1] 混成：阴阳一体，混然而成。

[2] 寂兮寥兮：寂，没有声音。寥，没有形体。

[3] 独立而不改：形容道的独立性和永恒性，它不靠任何外力而具有绝对性。

[4] 周行而不殆：周行，循环运行。不殆，不息之意。

[5] 天地母：一本作“天下母”。母，指道，天地万物由道而产生，故称母。

[6] 强字之曰道：勉强命名它叫“道”。

[7] 大：形容道是无边无际、力量无穷的，泛指道的能量无限。
[8] 逝：指道的运行周流不息、永不停止的状态。
[9] 反："返"。意为返回到原点，返回到原状。
[10] 人亦大：郭店本作"王亦大"。意为人乃万物之灵，与天地并立而为三才，即天大、地大、人亦大。
[11] 域中有四大：郭店本为"国中有四大焉"。泛指人类所在的多维空间之中，有四个相对独立又相互联系的大道系统。
[12] 道法自然：道纯任自然，本来如此。

【老子说】

在客观世界，有一个先于天地而存在的东西。人们看不到它的形状，也听不到它的声音。它特立独行、与世无争，它循环运转、永不停歇，可看作天地之母。我不知为这个母取个什么名称，勉强地把它称为道，再把道的能量或者运作状况冠个名，叫作大。大是摸不着边际、永无止境的能量变化，其变化的终点却又是变化的起点。所以，道有摸不着边际、永无止境地变化着的能量，天也有摸不着边际、永无止境地变化着的能量，地也有摸不着边际、永无止境地变化着的能量，人类也有摸不着边际、永无止境地变化着的能量。在宇宙范围之内有四大，而人类只不过是其中之一。所以，人类的生活，当顺应于地球的运行，地球的运行当顺应于天体的运转，天体的运转当顺应于道的生化，道的生化就是顺其自然，随机应变。

【品 读】

这一章讲道的诞生、运作和结果。道是天下万物的母体。道是自然的、客观存在的，是不以人的意志而改变的。人类在认识和分析世界时，为方便起见，把世间事物分为四类，即：王、地、天、道。王是人的代表。人、地、天三者都受到上一级法则的制约，而道本身就是自然的。“道法自然”，不是说道之外还有个“自然”，而是说道的活动以自我圆满、独立自在为法则。

“有物混成，先天地生。”这里的“物”是道的存在状态。这个状态包括了物质与非物质，是心物一元、阴阳一体混合而成的。这在《易经》的太极图上表现得活灵活现。它“寂兮寥兮！独立而不改，周行而不殆，可以为天地母”。“寂”是没有声音，“寥”是没有形体。形容静到无可感觉、大到没有形状。“独立而不改”意为超脱于万物之外，悄然自立，不动声色，不因现实世界的变化而变化，不因世间万物的生灭而生灭。“周行而不殆”指的是它无所不在、无处不行、无时不动。世间万物，无不处在道中，而且永远无穷无尽。所以说，道是“天地母”。

从上面这段话不难看出，道是抽象的，也可以是物质的，是万物的本原，是最先存在的实体。但这个实体看不见摸不着，既寂静又空虚，不以人的意志为转移，无所不在地运行且永不止息。大道无形，没有可供我们辨认的具体形状。但是，道又确实存在，只不过它与我们所认识的事物不相同，它是一个混沌的整体，早在天地生成之前就已经存在了，它是超越时空概念的客观存在，是人类可悟而不可触的客观存在。

道，人们既不能通过肉眼看到它的形状，也不能通过耳朵听到它的声音。尽管我们看不到、听不到，但是道却客观地存在。它既把控着地球等天体的运转，也影响着人类的生活，更制约着人类的行为。如果人类的行为不顺应道，不遵循道，它就会给人们降下严厉的惩罚。道，它没有等级，没有分别，没有前后，没有大小，没有属性，是完全独立的。是无始无终、运转不停的，是唯一不会走向自己反面、不会发生改变的，是恒久不变的一个整体。

“不知其名，强字之曰道，强为之名曰大。”“强”，有笼统、勉强、大概的意思。世界的本原无法说清。老子就用“道”字命名（所以，第一章开宗明义：“道可，道非，常【恒】道；名可，名非，常【恒】名。”），道实在是无量无边，其能量可叫作“大”。道的本义为“道路”，后引申泛指行为、规则、方法等。在这里，老子遵循人们的习惯认知（常【恒】名），以“道”字为世界的本原命名，旨在为人们指明认识世界的正确道路，即认识世界的本体，让人们了解道的运动、发展、变化所体现出来的对立统一规律。这也是人们应当遵循的人生法则和社会法则。认识的最终目的在于明道、守道、尊道、循道。

“大曰逝，逝曰远，远曰反。”“大”是道的能量无限和变化无穷的体现，通常表现为运行法则或规律，“逝”是道的运行途径或路线，“反”是道的运行结果和过程。这等于说，事物无限的发展变化，最终又回到了新的起点。这句话说明世间的一切事物都是由小到大、由大到小、循环往复、变化发展的。这是老子向世人揭示的对立统一规律。这“反”的意思，既是道的创造活动，又是道的创造活动的结果——现实世界。现实世界就是“道”所创造的一件伟大作品。而天、地、人只是这件伟大作品中最基本的结构和组成部分而已。

“故道大，天大，地大，人亦大。域中有四大，而人居其一焉。”宇宙间有四种体现道在运行的能量，表现为各自的运行法则和规律。即道、天、地、人。四者中，道与天相比，道为大；天与地相比，天为大；地与人相比，地为大。所以，“人法地，地法天。天法道，道法自然。”法，即“顺应着……的法则和规律”。四者中，人的活动顺应着地所发挥的能量及其运行法则和规律；地的运转顺应着天所发挥的能量及其运行法则和规律；天体的运行顺应着道所发挥的能量及其运行法则和规律；道则服从自然的能量和惯性。道，大而玄奥，生成了天地万物。然而，道又是怎样产生的呢？

通过“道法自然”一词，我们就能够悟到，道是自然而然生成的。道的本身就是自然、必然、所以然的运行。道是至高无上的，就连道都是顺应自然，更何况人类呢？所以，人类不应该自恃头脑聪明，有独立的思想，就可以主宰世间的万事万物，而应该顺应自然、敬畏自然、尊重自然。如果破坏自然的和谐，大肆屠杀野生动物，任意砍伐森林，过度开采地下资源，那么大道和天地就会随时惩罚人类。因此，人类要与天地合而为一，就要学习大道包容万物的胸襟，自动保护生态环境，珍惜一切生命体与非生命体的存在，与大自然和谐相处。只有这样，人们才会生活得快活潇洒，无为也就无所不为了。可见，本章是对“无为”思想的铺垫，是“无为”思想的理论基础和理论依据。在老子看来，道既是认识的对象，又是认识的方法，更是实践的准则。道的概念，是感性认识和理性认识综合的人类思想认识的模型。道作为世界的本原，是宇宙万物之母；道作为运行的法则，它贯穿于宇宙、社会和人生之中；道作为运行的规律，它体现在生命世界和非生命世界等大小事物的不断变化之中。

第二十六章

重为轻根，静为躁君[1]。是以君子[2]终日行，不离辎重[3]，虽有荣观[4]，燕处[5]超然。奈何万乘之主[6]，而以身轻天下[7]？轻则失本[8]，躁则失君。

注释

[1] 躁君：躁，动。君，主宰。
[2] 君子：一本作“圣人”。指得道之人。
[3] 辎重：外出所带的物资。军用器械、粮食、营帐、服装等的统称。
[4] 荣观：贵族游玩的地方。指华丽的生活处所。
[5] 燕处：安居之地；安然处之。
[6] 万乘之主：乘指车子的数量。万乘指拥有兵车万辆的大国君主。
[7] 以身轻天下：看重自己而轻视天下。
[8] 轻则失本：轻浮纵欲，则失治身之根本。

【老子说】

厚重是轻微的根本，也是轻微累积而成的结果。冷静是急躁的主宰，是重大决断的主导。所以，一个有担当的君子，要充分认识自身的使命，肩负起大道赋予的重大责任。凡事从细微处着手，不能急躁，不能懈怠。虽然享受着荣耀华丽的生活，但应超然物外，不忘自己的使命。一个担负着成千上万人生死使命的人，一定要以百姓利益为上，把个人的生死置之度外。他怎能只看重自身而轻视所管辖的天下呢？一旦轻视，他将丧失其现有一切的根本；一旦狂躁不安，他将丧失其掌控全局的能力。

【品 读】

老子从治身之道过渡到治国之道，谨慎分析了重与轻、静与躁的关系，阐明做人应先修身，治国更应先修身。修身之道在冷静，在担当肩负的使命，在分清轻重缓急，在与大道合一，在不脱离群众，在于懂得“民为国家之根，德为治国之本”的道理。

本篇的开头部分举出了两对矛盾的现象，即轻与重、躁与静。在《道德经》的第二章和第十三章，老子提出过美与丑、善与恶、有与无、难与易、长与短、宠与辱等对立统一的关系。这都是辩证法思想的闪光点。在老子看来，矛盾是普遍存在的，任何事物都不可能孤立，而是相互依存、相互影响、相互制约的。

重是轻的根本，轻是由重决定的。如果只注重轻而忽视重，就会失去根本。静是躁的根本，躁是由静决定的。轻，也可以解释为轻浮，而躁可以理解为躁动不安、心灵浮躁。人的感情、理智和意志常处在一种变动不居、激烈动荡的矛盾与冲突状态。轻浮和躁动，是人格缺陷所映射出来的不良品行，是人类未能顺应大道的表现。这种表现是大道所不能容忍的，大道必然会降下相应的惩罚。

所以老子说："是以君子终日行，不离辎重。虽有荣观，燕处超然。""辎"指的是长途旅行时必须携带的衣物，或是军士出征时必须携带的军用器械、粮草和营帐等。这句话采取隐喻的手法，告诫君子（指识道循道并负有重大使命的人），要自知身上肩负着重大的责任，每日每项工作都不能轻举妄动，而要谨慎考虑后再行动，不能表现出轻率、焦躁的样子；虽然有可供享受的身外之物，但不能觉得与众不同，而要超然物外，不沉溺于享受之中。

"奈何万乘之主，而以身轻天下？轻则失本，躁则失君。"最后，老子将矛头指向了"万乘之主"，也就是一国的君主。身为一国之君，怎么能奢侈轻浮、狂妄自大、焦躁轻率呢？那是违反大道的呀。违反大道，就会落得"轻则失本，躁则失君"的下场。如历史上的无道之君夏桀、商纣、周厉王等，没有一个不遭到后人唾骂和鄙弃。

第二十七章

善行，无辙迹[1]；善言[2]，无瑕谪[3]；善数[4]，不用筹策[5]；善闭，无关楗[6]而不可开；善结，无绳约[7]而不可解。是以圣人常善救人，故无弃人；常善救物，故无弃物。是谓袭明[8]。故善人者，不善人之师；不善人者，善人之资[9]。不贵其师，不爱其资，虽智大迷，是谓要妙[10]。

注释

[1] 辙迹：轨迹，行车时车轮留下的痕迹。

[2] 善言：指善于采用不言之教。

[3] 瑕谪：过失、缺点、疵病。

[4] 数：计算。

[5] 筹策：古时人们用作计算的器具。

[6] 关楗：门上关插的木条。横的叫“关”，竖的叫“楗”。
[7] 绳约：绳索。约，指用绳捆物。
[8] 袭明：内藏智慧聪明。袭，覆盖之意。
[9] 资：取资、借鉴的意思。
[10] 要妙：精要玄妙，深远奥秘。

【老子说】

善于行动的人，无足迹和车辙可循；善于教化的人，无瑕疵可以指谪；善于计算的人，无须借助筹码的演算；一个执着地要把自己与世隔绝的人，他住的地方没有门闩或机关，你也不能打开他的门户找到他；一个善于改造他人思想的人，那被改造了的思想观点，没有受绳索捆绑的约束，也不能将其思想理念再行改变。所以，圣人与众不同，任何时候对任何人他都有拯救和任用的办法。因此，对圣人而言，人皆有长处，没有遗弃之人；物皆有用处，没有废弃之物。一个人能做到无弃人、无弃物，他就是一个循道守道的人，一个聪明智慧的人。所以，善人，是不善人学习的师表；不善人，是善人借鉴的宝镜。不尊重师表，不爱惜宝镜，纵使聪明智慧过人，也是大大的糊涂。这是大道的要旨和玄机。

【品 读】

一个人能识道、悟道、修道、循道，其主要表现在哪些方面？老子提出了五个“善”。其一是善行。善于行动的人，不会留下他行动的痕迹。包括他的指导思想、行动目标和行动过程，都不会留下任何迹象。其二是善言。善于讲话的人，能抓住要点，把握时机，恰到好处，教化他人，而不会说出别人非议自己的话语或做出与道不合的事情来。其三是善数。善于心算的人，不需要借助任何计算工具就能准确无误地把结果计算出来。同时，他可以默记无形事物的发展规律和各种现象的变化状况，能从各种变化中找出适合自身生存发展的理想方式和状态。其四是善闭。善闭可引申为避世，对于一心避世的人来说，是不需要利用锁和闩的。古往今来，这一类人数不胜数，如鬼谷子、河上公、徐庶等。其五是善结。就是不用绳索也能把人牢固地捆绑起来，外人无法解开。老子在这里用比喻的手法，以善结借指对别人思想认识和世界观的改造能力。被改造过的人，没有受到任何约束，其思想认识也不能再回到改造前的状态。

“是以圣人常善救人，故无弃人；常善救物，故无弃物。是谓袭明。”“弃人”应指被认为毫无用处而被抛弃的人。“弃物”应指被认为毫无价值而被摒弃的物品。人无弃人，物无弃物，天下的善人与不善之人，善物与不善之物，都是有用处的。“袭明”，即在圣人的智慧和理性的化育之下，使人和物的善之本性充分展露出来。这样做的话就是聪明的举动，就是守道、循道的表现。“故善人者，不善人之师；不善人者，善人之资。”“善人者”指“善于……”的人，“不善人者”，指“不善于……”的人。所以，善者是学习的榜样，是老师，而不善者是借鉴的样板，是活生生的教材，应一律加以善待。特别是对于“不善人者”，绝不能因其不善而鄙视他、嫌弃他，而要指导他、劝勉他、教化他、引导他向善的方面发展。

“不贵其师，不爱其资，虽智大迷，是谓要妙。”“贵”为重视、珍惜、尊重的意思。“大迷”是严重的迷误与蒙昧状态。不尊重善人的教诲和指导，不关心不爱惜不善之人的借鉴作用，哪怕是最聪明的人，也是愚昧和糊涂的迷误者，这便是识道、守道、循道的奥妙所在。

自然界万物的价值与人类的价值相似，无不取决于人们的发现和运用。现代科学技术能不断地把自然物的价值揭示出来，却很难发现每个人都有存在的意义与价值。

第二十八章

知其雄[1]，守其雌[2]，为天下谿[3]。为天下谿，常【恒】[4]德不离，复归于婴儿。知其白，守其黑，为天下式[5]。为天下式，常【恒】德不忒[6]，复归于无极[7]。知其荣[8]，守其辱[9]，为天下谷[10]。为天下谷，常【恒】德乃足，复归于朴[11]。朴散则为器[12]，圣人用之，则为官长[13]，故大[14]制[15]不割。

注释

[1] 雄：比喻刚劲、躁进、强大。
[2] 雌：比喻柔静、软弱、谦下。
[3] 谿：沟溪。
[4] 恒：世传本为“常”，今依马王堆本还原为“恒”，下同。
[5] 式：楷模、式样。

[6] 忒：差错、差误。
[7] 无极：意为最终的真理。
[8] 荣：荣誉、宠幸。
[9] 辱：侮辱、羞辱。
[10] 谷：深谷、峡谷，喻胸怀广阔。
[11] 朴：朴素。指纯朴的原始状态。
[12] 器：器物。这里指改变世人思想的神器、利器。
[13] 官长：百官的首长，领导者、管理者。
[14] 大：是第二十五章“强为之名曰大”的大，指道的能量和形状。
[15] 制：衣服等的样式或指一幅布的长度，这里喻指道的能量所能发挥作用的幅度和强度。

【老子说】

身处雄悍刚强的状态，却保持雌柔软弱的姿态，就像那天下的河涧。天下河涧，恰似那婴儿般的天真纯朴，其永恒的包容德性不会消失。深知“白”的好处，坚守“黑”的初衷，做天下人的表率。做天下人的表率，就要遵循大道的理念，其守道、循道的德行就不会出偏差，像太极图那样阴阳一体，恒定不变。身处荣华显耀的位置，却保持不受人待见的卑微姿态。虚怀若谷，善于充分听取他人的不同意见。虚怀若谷，善于听取不同意见，其守道、循道的德行就趋于圆满，就会逐步回到朴实淳厚的状态。朴实淳厚的言行举止就像化育万物的神器一样发挥着应有的作用。圣人发挥其化育万物的作用，化育民众和大小官员，自然而然成了文武百官的统帅。因此，大道赋予一个人的能量及其所能发挥作用的幅度和强度浑然一体，不可割裂。

【品读】

“知其雄，守其雌，为天下谿。为天下谿，常【恒】德不离，复归于婴儿。” 刚强和柔弱都是道的表现形式，都是合乎道的。但客观规律是物极必反。所以，人们身处刚强也要坚守柔弱，并保持婴儿般的自然心态。温柔似水，为而不争。

“知其白，守其黑，为天下式。”任何事物都是对立统一的，阴阳不可分离，黑白相互依存，是整个世界呈现在人们面前的表现形式。在扑朔迷离的世事中，要坚守自己的底线。无论外界“白”到什么程度，“白”有多大的好处，都要守住自己“黑”的底线，做天下人的表率。也就是要不忘初心，坚持理想信念，不为权贵所折，不为名利所动，不为情欲所惑，坚贞不屈，做天下人的表率。

“为天下式，常【恒】德不忒，复归于无极。”做天下人的表率，得益于永恒不变的德不发生差错，不停地发挥作用。这里的德就是大道的能量。由于有大道能量的不断化育，最终必然会回复到宇宙的应有状态，即太极图的状态。这几句话告诉人们，无论身处什么环境，都要守住自己的底线，坚持真理，坚守信念，不受名利所诱惑。事物是不断发展变化的，任何个人的意愿或外力的作用，可以改变一时的现象，但不可能改变最终的结果。

“知其荣，守其辱，为天下谷。为天下谷，常【恒】德乃足，复归于朴。”荣辱是对立的，就像那山峰与河谷一样，当一个人面对荣宠的巅峰时，不要攀附，更不要洋洋得意，而要保持清醒的头脑，因为任何人都还有很多做得不够的地方，要经常保持一种依然处在低谷的认知。这句话告诉人们，一个人面对尊荣，要泰然自若，要安于卑微，要虚怀若谷，要充分听取他人意见，要坚守永恒不变的大德，就能自然而然地弥补自身的不足，就会返璞归真，回到自然淳朴的状态中去。人，生来就有欲望。贪慕荣华富贵是人的本性。但贪图富贵再多，终了也要复归于无。人们只有懂得这个道理，才能泰然处之。面对外界的事物，做到无所容无所不容，这才是悟透大道的境界。然而，大道修得圆满，并不意味着大功告成了，人们还要继续坚守道的理念。否则，人的德性又会进入从无到有的循环往复之中去了。

“朴散则为器，圣人用之，则为官长。”自然纯朴的道之能量若能被圣人充分发挥，就好像那无所不能的神器、利器，得道之人任用这种神器，就能够为天下人服务，被天下人拥戴为百官之长。

“故大制不割。”“大制”是大道赋予的能量所能达到的范围或领域，“不割”即不可分割。这句话的意思是，一个守道循道的人，其德行积累的深度、广度和高度，与他所能发挥作用的范围和领域是不可割裂开来的。也就是说，他有多大的能耐，就能发挥多大的作用；他有什么样的德行，就能胜任什么样的“官长”。否则，德不配位，害人害己，自然为世人所唾弃。

第二十九章

将欲取[1]天下而为[2]之，吾见其不得已[3]。天下神器[4]，不可为也，不可执[5]也。为者败之，执者失之。夫[6]物[7]或行或随[8]；或嘘[9]或吹[10]；或强或羸[11]；或载或隳[12]。是以圣人去甚，去奢，去泰[13]。

注释

[1] 取：取得、治理。
[2] 为：指有为，靠强力去做。
[3] 不得已：达不到、得不到。
[4] 天下神器：天下，指天下人。神器，神圣的物件，这里指国家政权。
[5] 执：掌握、执掌。
[6] 夫：一本作“故”。
[7] 物：指人，也指一切事物。
[8] 随：跟随、顺从。

[9] 嘘：轻声和缓地吐气。
[10] 吹：急吐气。
[11] 羸：羸弱、虚弱。
[12] 或载或隳：马王堆本为“或挫或隳”。载，安稳。隳（huī），毁坏，危险。
[13] 泰：安定、安稳、安然。

【老子说】

一个人想要取得天下人的信任，并按个人意愿为所欲为，我看他永远都不可能成功。天下是神圣的东西，不可能按个人的意志为所欲为，更不能凭个人的意愿去掌控。若要按个人的意愿去为所欲为，就会祸害天下，就会失去天下。须知客观存在的东西，或特立独行，或攀附依存，或恬柔轻嘘，或迅猛欢呼，或身强气盛，或体衰神疲，或整齐划一地呈现，或支零破碎地摇晃，都是客观存在的、不以人的意志为转移的。因此，圣人要做的工作是，认清并尊重客观实际，防范追求偏极，防范追求华丽，防范追求安稳悠闲。

【品 读】

“将欲取天下而为之，吾见其不得已。”意思是说，如果有人想要按照他自己的意愿夺得天下、治理天下，而又不采取顺应道的无为方略，我看他不可能达到目的。因为天下是大自然神奇造化之物，人们不能凭主观意志去强行改变。凭主观意志去强行改变，就必定会招致失败。掌控天下，把天下据为己有，迟早有一天会失去它。这句话告诉我们一个道理：君主可以主导解决国家内外的一切事务，也可以全权处理国家内外的各种纠纷，但不能拿整个国家作为实现其个人欲望的工具。如果谁想把国家作为实现其个人欲望的工具，谁就会招致失败；谁想把国家作为个人私产，谁就会失去这个国家的政权。

“物或行或随，或嘘或吹，或强或羸，或载或隳。”世间万物，有的自由自在前行，有的寄生于它身或跟随于它物，有的吸气缩身以保暖，有的吹气宽身以散热，有的身强体壮，有的疲软羸弱，有的整齐划一地显摆，有的支零破碎地摇晃。事物尚且如此，更何况人呢？俗话说“千人千面”，其性格特征千差万别，其生存之道各有不同：有的人喜欢特立独行，有的人喜欢随声附和，有的人乐于助人，有的人刻薄寡恩，有的人宽厚豁达，有的人小肚鸡肠，有的人好勇斗狠，有的人懦弱胆怯，有的人喜欢安静，有的人喜欢热闹……鸡觅食，脚往后面蹬，猪进饲，嘴往前面顶。芸芸众生，各有各的活法，各有各的特征。

“是以圣人去甚，去奢，去泰。”所以，圣人治理国家，就是要顺其自然，尊重客观实际，摒弃那些极端的东西，不做出违背大道的行为。也就是无为。老子所讲的“无为”，不是不作为，也不是说人们在客观现实面前无能为力，而是不做出违背大道的行为，不为所欲为，更不胡作非为，而只顺其自然，为所当为。在这个世界上，无论人或物，都有自己的秉性，其间的差异性和特殊性都是客观存在的，不以人的意志而改变的，不要用自己的标准去衡量别人，不要把自己的喜恶或愿望强加到别人身上。所以，识道、守道、循道的人即圣人，治理国家，要防范三种自以为是的想法：一是走极端路线，追求所谓的尽善尽美；二是脱离群众，高高在上，追求个人的生活奢华；三是为追求所谓的太平盛世，对老百姓要求太多，禁忌太多，约束太严。谁懂得这些道理，谁就能以无为之道来治理国家。统治者在无为思想的指导下，对自然无所求，对百姓无所欲。一切顺其自然，天下就实现大治了。

第三十章

以道佐人主者，不以兵强天下，其事好还[1]。师之所处，荆棘生焉；大军之后，必有凶年[2]。善有果[3]而已，不敢[4]以取强[5]。果而勿矜，果而勿伐，果而勿骄，果而不得已，果而勿强。物壮[6]则老，是谓不道[7]。不道早已[8]。

注释

[1] 其事好还：用兵这件事一定有回报、报复。还：还报、报应。
[2] 凶年：荒年、灾年。
[3] 善有果：果，成功之意。指达到获胜的目的。
[4] 不敢：不能的意思。
[5] 取强：逞强、好胜。
[6] 物壮：强壮、强硬。
[7] 不道：不合乎“道”。
[8] 早已：早死、很快完结。

【老子说】

践行道的法则去辅助一域之主的人，不要唆使他用武力去强霸天下。若凭武力去征服他国，自然会遭到报复。经过战乱的地方，荆棘丛生、田园荒败；大战之后必然是饥荒连绵、民不聊生。善于征服天下的人以实现战略意图为目的，而不是恃强凌弱、肆无忌惮地掠夺他人财富。即使实现了战略意图，也不能威风凛凛、颐指气使；不能动辄出兵、耀武扬威；不能骄傲自大、专横跋扈。若通过战争未能实现战略目标，也不能穷兵黩武，只想称王称霸。要懂得，任何事物强大健壮了就自然趋于衰老弱化，这是不可避免的自然之道。任何事物脱离自然之道的法则，就会快速地走向灭亡。

【品 读】

“以道佐人主者，不以兵强天下。”任何一个君王治理天下，其周围皆有人辅佐。这些人不但辅助君主治理天下，也操纵着国家的军队，如果这些人过分夸大军事的作用，势必会影响君主的治国方略，甚至会导致君主穷兵黩武，滋生独霸天下的野心，最终酿成战争，给老百姓带来痛苦、死亡和灾难。因此，切不可鼓动君王通过战争去称霸天下。

“善有果而已，不敢以取强。果而勿矜，果而勿伐，果而勿骄，果而不得已，果而勿强。”在老子看来，用兵之道不是为了发动战争，而是为了保卫国家，保护人民，终止战争。一个国家的军队，只要能够确保人民的安全和国家的稳定就可以了，绝不可逞强于天下。在不得不开战的时候，也要遵循大道的原则。战争以实现战略目标为宗旨，正常的战略目标是终止战争，而不是扩大战争。战争的目标实现后，不要拥兵逞强，不要骄傲自满，不要放纵军队，也不要有再发动战争的想法。这样，就合乎自然规律。否则，会引起别人的妒恨，会使自己贪得无厌，会使自己走向堕落和腐败，连已经取得的胜利也会化为乌有，导致最终的失败。因此，用兵之道要讲求一个合理的度，这就要求统治者在用兵时应当采取顺其自然的做法，而不要采取极端过度的行为，只有这样才能确保国治民安。

“物壮则老，是谓不道。不道早已。”世间的生物，生长到不能再长的时候就慢慢地走向衰老，衰老的结局便是死亡。若希望永久保持健壮的状态，就不是遵循道的法则，不遵循道的法则，就会提前走向灭亡。老子借生物常识引申到战事题材，向人们阐明不要好战的哲学道理。也就是做任何事情都不要过头，太过头就会走向反面。当我们获得成功或是取得战绩时，不可沾沾自喜，更不可狂妄自大，而要掌握适度原则。否则，就会朝着相反的方向转化。远离大道，不能和大道合而为一，任何人、任何国家都必然走向失败。

第三十一章

夫兵者[1]，不祥之器，物或恶之[2]，故有道者不处。君子居则贵左[3]，用兵则贵右。兵者不祥之器，非君子之器，不得已而用之，恬淡[4]为上。胜而不美，而美之者，是乐杀人。夫乐杀人者，则不可得志于天下矣。吉事尚左，凶事尚右；偏将军居左，上将军居右，言以丧礼处之。杀人之众，以悲哀[5]莅之[6]；战胜，以丧礼处之。

注释

[1] 夫兵者：一本作“夫佳兵者”。兵者，指兵器。夫，为发语词。

[2] 物或恶之：物，指万物，当然包括人类。意为人和万物所厌恶、憎恶的东西。

[3] 贵左：古人以左为阳，以右为阴。阳生而阴杀。尚左、尚右、居左、居

右都是古人的礼仪。

［4］恬淡：安静、沉着。

［5］悲哀：一本作“哀悲”。

［6］莅之：到达、到场。一本作“泣之”。

【老子说】

杀生的器械，不是好东西，世间万物都不喜欢它。所以，遵循道的人不愿意利用它。君子生活起居以左边为贵，用兵打仗以右边为尊。凡是用来杀生的器械，都是不祥的物件，也是君子不需要使用的东西。万不得已要被迫使用它时，最好坦然面对、淡泊视之。即使战争取胜，不要欢呼庆祝，不要忘乎所以。为取胜而欢呼庆祝、忘乎所以者，是以杀人为乐的人。以杀人为乐的人是不可能实现纵横天下之志向的。吉庆之事以左边为贵，凶丧之事以右边为尊；偏将军居于左边，上将军居于右边，这说明军队的秩序仪轨等同于凶丧之事的行事规则。所以，准备出征打仗的人们，要怀着参加丧事般沉重的心情出征。杀的人多了，要善待牺牲者，并举行哀悼哭泣之礼；打了胜仗，要按照丧事的礼仪安置亡灵。

【品 读】

老子对兵器的看法，也就是对战争的观点。他认为，战争有悖于大道，为得道之人所痛恨。战争又是大道运行的结果，也是不得已才运用的手段。守道之人应怎样对待战争？“不得已而用之，恬淡为上”，即以静制动，从长远考虑，为大局着想，不注重一时一地的得失。

按照中国古代的礼仪，主居右，客居左，所以居左有谦让的意思，“君子居则贵左，用兵则贵右”，这是说对待战争，要有对待办丧事一样的心态，在迫不得已的时候，也可以用战争的方式来解除困境，回归大道。但是，在获得胜利后不能妄自尊大、耀武扬威，而要以恬淡的心境对待，对战争中战死的人表示哀伤悲痛，并且按丧礼妥善安置亡灵。

老子所处的时代，国与国之间的相互攻伐十分普遍，战争规模越来越大，每次战争少则投入兵力数千，多则投入兵力数万，伤亡极其惨重。不管战争谁胜谁败，在战争期间受危害最大的，永远是普通百姓。每次发生战争，人们都要背井离乡、四处逃亡。正因为如此，老子告诫君子：在用兵时一定要“恬淡为上”，即从百姓的长远利益考虑，不看重一时一地一役的得失。由此可见，老子在《道德经》中谈论战争问题，不是为用兵者出谋划策，而是为老百姓反对战争、制止战争。不得已被迫开战时，要把战争带来的伤害，减少到最小、最少。

第三十二章

道常【恒】，无名，朴[1]。虽小[2]，天下莫能臣[3]也。侯王若能守之，万物将自宾[4]。天地相合，以降甘露，民莫之令而自均[5]。始制有名[6]，名亦既有，夫亦将知止，知止可以不殆[7]。譬道之在天下，犹川谷之于江海[8]。

注释

［1］无名，朴：这是指道的特征。

［2］小：用以形容道是隐而不可见的。

［3］莫能臣：臣，使之服从。这里是说不能使它臣服。

［4］自宾：宾，服从。自动客客气气地服从于道。

［5］自均：自然均匀。

［6］始制有名：万物兴作，于是产生了各种名称。名，即名分，如行政机构的组织、官职的等级名称等。

［7］不殆：没有危险。

[8]犹川谷之于江海：一说应为“道之在天下，譬犹江海之与川谷”。之于，流入。

【老子说】

道，永恒的客观存在，不可言状。道，单纯、朴实、渺小，但天下任何事物都要臣服于道。那些称侯谓王的人若能遵守道的法则，天下万物将自然而然地臣服于他。大道之行，天地之气相和，甘霖雨露自降，不需要任何人去安排均匀洒落。治世若循道，就要建立一套名副其实的管理体制和工作机制。制度要公开透明，让人知道哪些是可以做的，哪些是不能做的，从而使之适可而行，适不可而止。懂得要适可而止，人们就不会乱来，社会就不会有危险。大道行于天下，就像天下的溪水河流都流归于江海一样，百姓将自动归顺于王侯。

【品 读】

道，永恒地存在于万物之中，万物也永恒地受着道的支配和调节。如果合乎道，那一切事物都会顺其自然，百姓安定，天下大治。道是什么呢？

“道常【恒】，无名，朴。虽小，天下莫能臣。”道，是客观世界永恒存在的，人们没有办法用语言去描述它（照应第一章“道可，道非，常【恒】道”），但道又以它固有的方式确实存在，它大到无穷大，小到无穷小，无时不在，无处不在。任何力量都无法让它臣服，更不能去支配它、改变它、代替它。它永远主宰着世间万事万物的命运。

“侯王若能守之，万物将自宾。天地相合，以降甘露，民莫之令而自均。”那些称侯谓王的统治者，若能够遵守道的法则，天下所有的事物都会自然而然地为他效劳、为他服务，就连上天和大地都阴阳调和，甘霖普降，润泽万物，不需要人民去祈求。老百姓会自然而然地归顺他。百姓和睦相处，社会安享太平。

要实现社会太平，必须法制健全。有健全的法制老百姓才能和睦相处、安享太平。“始制有名，名亦既有，夫亦将知止，知止可以不殆。”治世之道在于建章立制，并把所有的规章制度、法律法规公布于世，让世人知晓孰可孰不可、孰能孰不能。这样一来，治世就像道行于天下、水流于河谷，自然而然的事情。“譬道之在天下，犹川谷之于江海。”同时要懂得，人们在认识世界的时候，所面对的特定事物是逐步认识出“名”及其概念的，而且名的内涵和外延又是不确定、不断变化的。也就是说，人们一定要解放思想，要与时俱进，不要执着于既有的知识，不要受既有认识的支配，否则会违背真正的“朴”，从而破坏自然的平衡，自然就将降下灾难。大道生出万物的同时，它就存在于万物之中。天下万物生于道，又回归道，时时刻刻都不会偏离道。这如同天下河流川谷一样，没有永不改变的流向。但不管流量、流向和流淌的时间怎么变化，最终必定流入江河湖海。

在本章中，老子通过自然现象辩证地说明道与一个国家法制建设的关系。道是自然的、纯真的，治国之法也必须是顺民心、遂民意、公平公正、与时俱进、合乎大道的。任何时候任何社会都不能有法外之人，也不能有法外之事；不能有一成不变的法律法规，不能有一劳永逸的治国理念。治国者如果能够实事求是、尊重自然、推行法治，天下万民将自然归服。也只有法治，社会才会安定，天下才会太平。

第三十三章

知人者智，自知者明。胜人者有力，自胜者强[1]。知足者富，强行[2]者有志。不失其所者久，死而不亡[3]者寿。

注释

[1] 强：刚强、果决。
[2] 强行：坚持不懈、持之以恒。
[3] 死而不亡：身虽死而德犹存。

【老子说】

一个人能充分认识和了解别人，叫有智慧，能充分认识和了解自己，叫聪明。战胜他人依靠实力，战胜自己依靠坚强的意志。知道满足者是富有的人，坚持为目标不懈努力奋斗者是有志气的人。坚持循道的法则，其事业、精神、品德就能长存于世。其身虽亡，其事业、精神、品德能流传于世，就是长寿。

【品 读】

一个人能够分辨外人、外物，便拥有世间的基本智慧；若能通过外人、外物反省自己，从而体察到生命的本来面目，便算是有大智慧，也就是“明”。依靠武力战胜别人者，确实有力量，但这个力量是大道赐予的，它是大道在生命活动中的体现。那么，什么样的人算是真正的强者呢？一个人能够克制并战胜自己的私欲和私念，达到物我两忘的境界，无所容无所不容，他就是真正的强者。

“知足者富”与我们通常所说的“知足常乐”的异同之处在于，知足常乐，意在知道满足总是快乐的，它的潜意识是安于现状。而知足者富，意为富有不是家财万贯，不是拥有宝马豪车，真正的富有是能够摒除私心杂念，放眼世界，胸怀天下，彻底抛弃个人的妄想。当一个人没有个人妄想时，就能做到循道而为，无以己为，就是富有，其潜意识是既不妄想，又不安于现状，顺道而为。

人类在观察具体事物时，了解到大道的运行轨迹，这个轨迹以内的事物便是大道赐予我们的，也是我们理应获得的；而在这个轨迹以外的事物，便不是我们应该获得的，如果我们产生了获得它们的想法，那就叫妄想。妄想是难以实现的，即便实现了，也不会给我们带来益处；即使我们获得了微小的益处，这种益处也不会长久地保持下去。大道既然生了我们，就一定会赐予我们所需要的一切，“天生我材必有用”，我们还要奢望其他什么益处呢？一个人担忧自身的处境，这就是对大道的不理解和不信任，从而违背了大道，必然会受到大道的惩罚。如果我们不妄想得到什么，也就无所谓得到和失去，自然也就无所谓有，无所谓不有了。做到不妄想，又不安于现状，就是真正的富有。

“强行者有志”中的“强”，不是自恃武力高强而妄自逞强的意思，而是指“自胜者强”的强，是有坚定的大道信念，不忘守道初心，不断战胜个人欲念和不利因素的强。“自胜者”，他能够通过外人外物反省自己，清醒地认识自己、对待自己，朝着大道所指引的方向不懈努力，不断战胜个人的私念，使自己的行动与大道相吻合。

“不失其所者久，死而不亡者寿。”人类社会诞生以来，任何人或物都脱离不了“从哪里来，到哪里去”的宿命。植物会落叶归根，人类也会回归到孕育他的天地中去。一个人从出生到死亡，短短几十个春秋，生老病死，合乎道的自然规律。任何人都没有超越大道的能力。因此，“所”是我们来的地方，也是我们最终要去的地方，是自然之所，是人类合乎大道的切合点。人们从最初的不愿接受死亡，到临老时的读懂人生、直面生死，正体现了大道不可违的道理。我们只有顺应大道，与大道合为一体，才是真正做到了“久”和“死而不亡”。一滴水归入它的生命之所——大海中去，它就不会消亡；一个人投入顺道而为的广大事业中去，没有放弃为人类作出更大的贡献，即使其生命再短暂，其作用也会发挥得长久。

“死而不亡者寿”，说的是人的身体虽然消失了，但人的精神是不朽的，可算作长寿。人的肉体寿命不过区区数十载，不可能长生不老，人的精神则可以永垂不朽。因为虽然他的肉体消失了，但他的学说、思想或技艺却能够长期影响当代及后代的人们。

第三十四章

大道泛[1]兮，其可左右。万物恃之而生而不辞[2]，功成而不有[3]。衣养[4]万物而不为主[5]。（道）常【恒】，无欲（也）[6]，可名于小[7]；万物归焉而不为主，可名为大[8]。以其终不自为大，故能成其大。

注释

[1] 泛：广泛或泛滥。
[2] 不辞：意为不推辞、不辞让。
[3] 不有：不自以为有功。
[4] 衣养：一本作“衣被”，意为保护、滋养。
[5] 不为主：不自以为主宰。
[6]（道）常【恒】，无欲（也）：世传本为“常无欲”，此处依帛书本更合老子原意。
[7] 小：渺小。

[8] 大：伟大。

【老子说】

大道的运行机理无限广泛，它不会朝着什么特定的方向发展。道，以孕育万物为己任，不辞辛劳，成就万物而不自恃有功，护养万物而不以主人自居，促成万物的生化而不推行其主观愿望。道，永恒的存在并无欲无求，其影响和作用微不足道；但世间万物，在道的哺育下成长，只能循道而行，并永远也摆脱不了道所创造的命运，其影响和作用又大得不可言状。道，不觉得自己有什么大的功劳和贡献，但总被万物所推崇，因而成就了它的伟大。

【品 读】

“大道泛兮，其可左右。”大道运行的轨迹，有如江河泛流，无拘无束，周延四方（见第四章“道冲”）。它无欲无求、无形无迹，时常显得微不足道，偶尔也巨浪滔天。但是“万物恃之而生而不辞，功成而不有。衣养万物而不为主”。道作为一个物质性概念，无欲无名、可小可大，既不是超越时空的本体，也不是抽象思维的理论，而是由思维模型表述的一种现象，它直接作用于客观事物和世界。它虽然是人不能直接感受到的东西，却实实在在地广泛存在于自然之中，而不是人们主观臆想的精神性概念。这是我们进一步理解“道”的关键所在。道对自然社会和人类社会发挥作用后的“不辞”“不有”“不为主”精神，是《道德经》的真谛，是老子哲学思想的精髓。

大道是如何发挥作用的呢？老子认为，道可以从细小的事理上体现，也可以从重大的事理上体现。也就是说，从小到大，无不体现。关键是“（道）常【恒】，无欲（也）”，道，永远的存在，又永远没有自己的欲望和要求。其为小者，虫蛾蛹化，其为大者，治国安邦。其核心是“无欲”。“无欲”者，修身无妄想，治国无私念。虽然他没有明确指出“圣人”“侯王”应遵循大道，但是统治者治理国家与个人修为是一脉相承、密不可分的。他告诫世人，只要治国者不生妄想，摒除个人私欲，就不会视天下万物为私产，从而就会出现“万物归焉而不为主”的理想社会。

与大道相比，老子所处的时代乃至当今世界，人类的行为大多截然相反。在人类看来，人是万物之灵，有着思想和意识，既可以创造事物，也可以改变事物。所以人类常常自认为是万物的主人，可以主宰万物的命运，可以任意命令和指使万物。这种想法显然与大道格格不入。须知人类能够生存和发展，所依靠的正是自然界的万事万物，我们非但不能主宰自然，还常常受到自然的制约。此外，人类同样是从大道衍生出来的。换句话说，大道主宰了人类的命运，而自然界的万事万物为我们提供了生机和能量。如果人类真可以主宰万物，那么我们为什么会时常遭受大自然的报复？所谓天理不容、水土不服、物极必反等，都是说的这个道理。比如，我们过度开采森林资源，毁坏植被，造成水土流失、土地沙漠化，造成泥石流、沙尘暴等灾害的发生，就是人类不遵循大道的结果。因此，“以其终不自为大，故能成其大”。大道的能量，它自己不以为有多大，但它无处不在、无时不有、无物不化，所以便成就了它无与伦比的巨大威力。

第三十五章

执大象[1]，天下往。往而不害，安平太[2]。乐与饵[3]，过客止。道之出口，淡乎其无味，视之不足见，听之不足闻，用之不足既[4]。

注释

[1] 大象：大道之象。
[2] 安平太：安，乃，则，于是。太，同“泰”，平和、安宁的意思。
[3] 乐与饵：音乐和美食。
[4] 既：尽。

【老子说】

谁高举大道的旗帜并努力践行大道，天下人就归附于大道，归顺于谁，且不相互戕害，天下安定太平。那些声色美食之类的感官诱惑，也能轻易地招引一些来来往往的过客，一时归顺于诱惑。至于道，只能说淡然无味、不值一顾、不值一闻，践行道也不能满足感官的需要。但是，理解道的真谛、践行道的理念，就可以发挥无限的能量，实现并超越人类希望的一个又一个既定目标。

【品 读】

本章旨在说明，认识大道是认识世界和适应时势的关键，也是实现人生意义的立足点。老子告诫世人，切勿舍本求末，背离大道，为一时的名利所诱惑。

“执大象，天下往。”大象，即大道的理念与运行法则。在第三十四章中，老子说，得道之人不以万物的主宰自居，更不高傲自大，但是能得到万民的尊敬和爱戴。因此，努力践行大道的人，普天之下的百姓很自然地仰仗他、投靠他、归顺他。并且“往而不害，安平太”。人们投奔他以后，互不侵害，生活安定，社会关系和睦。这种归顺与“乐与饵”的诱惑有天壤之别。“乐与饵”是声色美食之类的感官引诱，“执大象”是理想信念的共同追求。有些人为了追名逐利或满足个人的需求，当欲望有了实现的现实前提时，他们就趋之若骛，归顺于物欲、利欲、权力欲。这样的“过客”，为欲而来，必为欲而争、为欲而去。哪怕他有经天纬地之才，也得不到老百姓的拥护。物以类聚，人以群分。只有识道、守道、循道之人，顺应大道，聚集力量，才可能实现国家的长治久安。近代以来，中国共产党从成立，到执政，到改革开放，到建设中国特色社会主义新时代，一代又一代立党为公之人，锲而不舍地为人民谋解放、为国家谋独立、为民族谋复兴、为百姓谋福祉，便正是“执大象，天下往；往而不害，安平太”的真实写照。如中华人民共和国成立初期，排除万难回国参与祖国建设的师昌绪、梁思礼、钱学森、童第周、朱光亚等著名科学家，无不怀着一颗赤诚之心，排除千难万险回到祖国，为华夏复兴贡献其毕生的精力。

“道之出口，淡乎其无味，视之不足见，听之不足闻，用之不足既。”大道是无声无色无形的，人们看不见、闻不到、摸不着，但是大道却能使人们受用不尽。因此，得道之人不会对任何人实行声色诱惑。因为他们深知，声色诱惑不能长久，一旦诱惑终结了，受诱惑而来的人就会躁动不安，诱少人争，诱尽人散，最终可能导致天下大乱。因此，为人处事要遵循大道，充分发挥大道赋予的能量。大道赋予的能量，取之不尽，用之不竭。

第三十六章

将欲歙[1]之，必固[2]张之；将欲弱之，必固强之；将欲废之，必固举之；将欲取[3]之，必固与[4]之。是谓微明[5]。柔弱胜刚强。鱼不可脱[6]于渊，国之利器不可以示人[7]。

注释

[1] 歙：敛，合。
[2] 固：暂且。
[3] 取：一本作“夺”。
[4] 与：给，同“予”。
[5] 微明：微妙的先兆。
[6] 脱：离开、脱离。
[7] 国之利器不可以示人：利器，指国家的重要武器等。示人，给人看，向人炫耀。

【老子说】

面对想要处理的问题，希望它有所收敛，必须先让它张扬（从而看到它的危害）；希望它有所削弱，必须先让它有所增强（从而看到它的野心）；希望废黜的体例，必须先让它继续推行（从而看到它的不足之处）；希望从哪里获得权利，必须先给予对方一些相应的权利（从而看到它的真正作用）。“四先”的做法，就不会引起相对方的警觉而自然发挥，从而逐步达到明道的境界，这便是柔弱战胜刚强的道理。鱼，不可以离开江河湖海而生存；保家卫国的有效手段和重要武器，也不要随便向外人展示。

【品 读】

本章是为人处事的战略思维和策略构想，是辩证法的方法论。主要讲事物的两重性和矛盾转化的辩证关系，从而揭示人类社会发展变化的规律，希望引起人们的重视。

大道无言、无形、无象、无为，但是它却存在于有形的万物之中。世间万物无不依循自然规律，有生必有死，有好必有坏，有阴必有阳，有胜必有败，有长必有消。老子以事物的发展规律为切入点，针对歙与张、弱与强、废与存、夺和予这四对矛盾，提出了主观上要有清醒认识、宁可居于柔弱一面的观点。柔弱的东西蕴含着内敛，生命力旺盛，有充分的转圜空间。相反，看起来似乎强大而刚烈的东西，由于它的显扬外露，大多是张力毕现，已没有多少进一步发展的余地，因而难以维持长久。所以他断言柔弱胜刚强。同时，他把鱼与渊的关系和利器与国的关系并列，可谓神来之笔。鱼若被见，大祸将临；利器以示，战争将近。所以，鱼要活命，就不能离开深渊；国家要平安，那些重要的武器和最为宝贵的东西就不要向外人展示，以免惹来与人争夺的战争祸害。这也是无为又无所不为的真谛。

第三十七章

道常【恒】。无为而无不为[1]。侯王若能守之[2]，万物将自化[3]。化而欲作[4]，吾将镇之以无名之朴[5]。无名之朴，夫亦将不欲[6]。不欲以静，天下将自定[7]。

注释

[1] 无为而无不为：“无为”是指顺其自然，不妄为。“无不为”是说没有一件事是它所不能为的。

[2] 守之：即守道。之，指道。

[3] 自化：自我化育、自生自长。

[4] 欲作：可能发生的变故。

[5] 朴：本真、本性的意思。

[6] 不欲：一本作“无欲”。

[7] 自定：一本作“自正”。

【老子说】

道，是永恒存在并顺其自然的。道除了不为己外，它无所不为。那些称侯谓王的人，若能尊重道的理念，遵循道的规律，世间万物都会自我化育，和平共处。倘若在化育的过程中，发生某种变化或动乱，道也会用道的本真和本性去控制变化的全过程。道的本真和本性控制了变化的全过程，世间万物都不可能兴风作浪，事物又重回本来状态，天下就自然而然地稳定和安宁。

【品 读】

本章与三十五章的内容基本相近，是老子思想体系中居于核心地位的哲学命题："无为而无不为"。

在老子看来，治国的根本在于守道，守道的根本在于无为，无为的根本在于没有私欲。任何违反大道、祸害民生的现象，都是起源于私欲。俗话说，上行下效。最高统治者有私欲，其下各级怎能不生私欲？有私欲就是悖道，悖道就会有为，有为就会生乱。所以，老子认为，治国者只有遵循大道、无为而治，百姓才会无拘无束、自由自在。无为，就是静、朴、无欲。静者，淡然处之，不做非分之想；朴者，纯净守之，不变本真本性；无欲者，不生私欲，无以己为，不生妄念，不胡作非为。治国者如果能够遵循道的法则去处理政事，做到无为，就不会危害百姓，也不会被百姓所抛弃。人人都能过上自然、平静的生活。

道，不是宗教里的神，它永远存在。它不具有人格、人性和人欲，但是它却主宰着万事万物，并顺应自然地繁衍、发展、淘汰、化生万物。老子把道推及人类社会的构建，是推崇自然法则在人类社会中的运用。由于自然界的“道”，无为而无不为，所以他告诫统治者，要守道而行。即在处理社会关系时，也要按照“无为而无不为”的法则治理国家，从而导引出“化而欲作，吾将镇之以无名之朴”的结论。这里所说的“镇”，是感化、教化、征服、降服的意思，而不是用武力去镇压。

治国无为，就是始终遵循自然法则和社会法则，可使国家大治、百姓安定；修身无为，即始终遵守自然之道和人生法则，可使自己健康长寿。在这里，宇宙、社会、人生是“实”、是“有”，自然法则、社会法则、人生法则是“虚”、是“无”。实与虚、有与无，是对立统一的关系。因此，欲治“实”、治“有”，必先守“虚”、守“无”。守“无”是无我无欲，没有私心；守“虚”是健全法制，加强学习教育。守道以静，治国以法，处事以朴，育人以虚，修身以无，就能够实现“天下将自定”的理想境界。

第三十八章

上德不德[1]，是以有德；下德不失德[2]，是以无德[3]。上德无为而无以为[4]，上仁为之而无以为，上义为之而有以为，上礼为之而莫之应，则攘[5]臂而扔[6]之。故失道而后德，失德而后仁，失仁而后义，失义而后礼。夫礼者，忠信之薄[7]而乱之首[8]。前识者[9]，道之华[10]而愚之始。是以大丈夫处其厚[11]，不居其薄[12]，处其实，不居其华。故去彼取此。

注释

[1] 不德：不表现为形式上的德。此句意为具备上德的人纯任自然，不表现为有德。

[2] 下德不失德：下德的人恪守形式上的德，不失德即形式上不离开德。

［3］无德：无法体现真正的德。
［4］无以为：即无以己为，没有个人目的和要求的行动。
［5］攘：捋起衣袖露出手臂，形容其貌粗鲁。
［6］扔：意为强力牵引。
［7］薄：不足、衰薄。
［8］首：开始、开端。
［9］前识者：前文所述关于道、德、仁、义、礼的一些认识。
［10］华：虚华，即表面现象。
［11］处其厚：立身敦厚、朴实。
［12］薄：指礼之衰薄。

【老子说】

具有高尚品德的人，不会向世人展现他的德行，那是他有德的表现。具有下一等品德的人，总忘不了向世人炫耀他的德行，那是他的德行还不够充分的表现。上等品德的人不会为个人利益或目的去开展工作，也就是无为。下一等品德的人夹杂着为个人利益或目的去开展工作，表面上是无为，实际上是有为。胸怀大爱之心的人，不为自己考虑，广施援手，可称之为崇尚仁；肩负道义的人，面对危险和困难，感到事情与人性相关，应及时相助，可称之为崇尚义；出于受法律法规约束或者礼仪规范的制约，而非本能的出手相助，不过是勉强而为，可称之为崇尚礼。崇尚礼的人在行动的同时，他捋起衣袖，扬起胳膊，蛮横粗鲁地强迫别人跟随他一起行动。所以，脱离了道才产生德（下德），脱离了德才产生仁，脱离了仁才产生义，脱离了义才产生礼。礼，是大爱无私为主要内涵的道、德、仁、义感召力日趋淡薄之后的产物，是社会走向混乱的开始。前文所说的这些，还只是述及道的部分表象。假如我们只凭这些表象，就希望踏上遵道循道的征途，那也是愚蠢的开始。因此，一个识道守道的人（大丈夫），要舍身忘我，遵循道的内在规律，向着敦厚的大德方向不懈努力，踏踏实实地发自内心地顺应道之所指，有所为，有所不为。绝不能装出一副无私奉献的样子，做些表面文章。所以，要去薄存厚、去伪存真、去义礼而循道德。

【品读】

老子发现人类的思想从道开始，发展到德（下德）、仁，义、礼的过程，是人类思想进化而精神退化的过程。人类思想越发达，人的精神越复杂，各种人为的表现就越多，离道就越远。

老子认为，道在人类的属性中表现为德，只要是合乎道的行为，就是“有德”；不合乎道的行为，就是“失德”。道与德是一体两面。道是大自然的客观存在，德是道在自然界和人类社会的具体表现。

老子认为，大道与大德都是无言无状无名的。一个人的心里如果有上德与下德的概念，那么他就已进入到后天的分别之中。一旦有了分别之心，这个人便不是得道之人。因此，只具有下德的人，心里才会有上德与下德的概念。下德之人做任何事情都要用道德去衡量，生怕自己的行为不合乎道德。如此一来，他所做的事情也就真的不合乎道和德了。

上德无为，是他无以己为，也就是没有考虑个人目的、动机和方向，而只考虑遵循自然规律和社会规律。他心中没有功利观念，不凭主观意志去开展工作，大道的精神就能充分体现于人间。

文中，老子把人类活动分为两种类型，即无为和有为。把精神分为五个层次，即道、德、仁、义、礼，其中道和德（指上德）是这五个层次中的最高标准。“失道而后德”说的是失道则沦为下德，“失德而后仁”说的是离开了无为的类型，在有为的范畴才有了仁。而“失仁而后义”“失义而后礼”说的是在有为的范畴内所显示出来的不同层次在逐层下滑，一层比一层距道德更遥远、与私念更关联。在德、仁、义、礼这四个层次，只有上德属于客观行为，其他均属于主观行为。如果统治者不能明道、守道，他所推行的仁、义、礼，都是主观行为，目的是为了巩固其统治地位。

老子认为，大千世界，一切生命由道主宰。任何生命的存在，既无益于大自然，也无害于大自然。一切自以为丰富多彩的生命，在大自然中都只是昙花一现。面对大道的无为，人类应当为生命的短暂而珍惜，为自身的渺小而识道、守道、循道。但是，随着人类智能的不断发育，每个人都具有思想和意识，都能够区分善恶美丑，所以就产生了人为规定的道德标准，即形式上的“德”。而在老子看来，真正的德（即上德），不是形式，而是行为，是无以己为的行和为。

“夫礼者。忠信之薄而乱之首。”社会发展到要用“礼”来约束的时候，也就是要用法律法规来约束人们行为的时候，是人与人之间的诚信观念淡薄，社会有动乱的苗头了。“前识者，道之华而愚之始。”意即前文所述还只涉及一些道的表面现象，如果一个人只追求这些表面现象，那也是他走向愚昧的开始。“是以大丈夫处其厚，不居其薄，处其实，不居其华。故去彼取此。”所以，一个循道而立的大丈夫，要立足于德的根本，抛弃个人私念，不做表面文章；要脚踏实地，从身边的小事做起，作所应作，为所当为，只问耕耘，不问收获，不图虚华，只求奉献。诚如白居易诗所言：

吉凶祸福有来由，但要深知不要忧。
只见火光烧润屋，不闻风浪覆虚舟。
名为公器无多取，利是身灾合少求。
虽异匏瓜难不食，大都食足早宜休。

鱼能深入宁忧钓，鸟解高飞岂触罗。
热处先争炙手去，悔时其奈噬脐何。
尊前诱得猩猩血，幕上偷安燕燕窠。
我有一言君记取，世间自取苦人多。

第三十九章

昔之得一[1]者：天得一以清，地得一以宁，神得一以灵[2]，谷得一以盈，侯王得一以为天下正[3]。其至也[4]，谓[5]：天无以清[6]将恐裂，地无以宁将恐废[7]，神无以灵将恐歇[8]，谷无以盈将恐竭[9]，侯王无以正[10]将恐蹶[11]。故必贵而以贱为本，必高矣而以下为基。夫是以侯王自称孤、寡、不穀。此其贱之本与，非也？故至数与[12]无与。是故不欲琭琭[13]如玉，珞珞[14]如石。

注释

[1] 得一：即得道。

[2] 神得一以灵：神指看不见的能量。灵：灵性或灵妙。
[3] 正：一本作“贞”。意为首领。
[4] 其至也：推而言之。
[5] 谓：假如说。帛书作“胃”。
[6] 天无以清：天离开道，就得不到清明。
[7] 废：荒废。
[8] 歇：消失、绝灭、停止。
[9] 竭：干涸、枯竭。
[10] 正：一本作“高贵”，一本作“贞”。
[11] 蹶：跌倒、失败、挫折。
[12] 与：通“誉”。声誉。
[13] 琭琭：形容玉美的样子。
[14] 珞珞：形容石坚的样子。

【老子说】

自古以来，宇宙是阴阳相生，互补平衡，才成为一个有机的整体。天为一个有机体而清朗明澈；地为一个有机体而安稳宁静；神明为一个有机体而活灵活现；山川河谷为一个有机体而有高有低、有虚有实。侯王因懂得这些道理，能够与老百姓鱼水相依，同心同德，融为一体，才会成为一域的统治者。无论任何时候，任何领域，阴阳互生一体的道理，都颠不可破。天若不能清朗明澈，恐怕会发生崩裂；地若不能安稳宁静，恐怕会发生大动荡，终将荒废；神明若不能活灵活现，恐怕终将萎缩枯灭；山川河谷若不是高低有错、虚实相生，恐怕早已被自然抛弃；侯王若不能与人民同心同德，融为一体，恐怕终将被人民所推翻。所以，在一个有机的整体中，贵以贱为根本，高以下为基础。因此，侯王常称自己为“孤”“寡人”“不穀”，这不正是因为他们充分认识到贵以贱为根本吗？追求过多的声誉就是没有荣誉。所以，一个尊道、守道、习道的人，既不要像精致的美玉一样尊贵华丽、离群索居；也不要像普通的砂石一样单纯坚硬、随遇而安，混同于一个普通的民众。

【品 读】

这一章着重写得一与不得一的现象与区别，人们可以由此出发，摸清何为得一，何为不得一，这对于我们看清世事、辨明是非，有很重要的意义。

什么是一？从广义上来看，一是整个大自然，是一个平衡体，是生死、阴阳、有无、大小、美丑、前后等对立关系的平衡状态，也是社会制度、意识形态、文化宗教、理想信仰的共生状态。从狭义上来看，一便是道的一种表现形式，一是唯一、统一的意思，它既指物质的唯一性，也指认识的统一性。老子认为，一是万物的起源，世间万物全都是由一慢慢衍生出来的。所以，这个一是万物所共有的一（道），任何事物都是从一开始的。

他列举天、地、神、谷、王侯，说天与道相合成为一个有机的整体便会变得清明，地与道相合成为一个有机的整体便会变得宁静，神与道相合成为一个有机的整体便会灵验，川谷与道相合成为一个有机的整体便会千姿百态，王侯与道相合与百姓成为一个有机的整体便能使天下大治。他通过上述事例阐明，一是万物始祖的起源，一是万物存在的基础。

既然一是万物的起源，是万物存在的基础，那么，假如这个世界上的事物不是一个有机的整体，将会是怎样一种情景呢？接下来，老子阐述了世界若不是一个有机整体的情况下将会出现的景象：上天崩裂，神灵消失；大地荒废，川谷枯竭；侯王被老百姓推翻，天下发生动乱。

因此，一是一种阴阳平衡、和谐共生的状态。也是道的常有状态，它代表着大自然的统一性和规律性，代表着万物的共生、社会的和谐，代表着人类命运是一个共同体，人类与自然界万物的命运也是一个共同体。

道是无穷无尽的，道之妙在有与无，以及有与无的变化，而道所呈现的景象则是有与无的对象，及其变化的现象和过程。那些有与无、小与大、生和死的变化来回反复，如地球无边始，如宇宙无始终，如物质无终灭。所以，《老子》第五十一章说“道生之，德畜之，物形之，器成之”。

道的存在及其变化规律，是人类主观去认识的。如果没有人类去认识这些东西，它们就是本来如此的状态。有了人类的认识，就给它冠以名称、定以概念，有了人类的认识，就捉摸其运行规律，探索其规律的成因。正如《道德经》开篇所述："故，常【恒】无欲，以观其妙；常【恒】有欲，以观其徼。"从第四十二章所说的"道生一，一生二，二生三，三生万物；万物负阴而抱阳，冲气以为和"与第四十章所说的"反者道之动，弱者道之用；天下万物生于有，有生于无"来看，人有心，与道相应，是静中之动；人平心，与道合一，是动中之静。这个平心就是让心在运动变化中处在阴阳两势的均衡状态里，这样的均衡是动中之静，是一种安静虚空的状态，是两者合而为一的状态，是与道一样本来如此的状态，即与道为一。这好像一个人从一楼乘电梯至九楼，人梯合一，在不动中上楼，在上楼的过程中人动了又没动。但是如果仅是执着于有（上楼），没有无（不动），没有相对，就不能形成势，就没有变化，反之亦然，执着于空，是虚空，就将陷入孤阴不生、独阳不长的死态。

"故必贵而以贱为本，必高矣而以下为基"这句话顺承"昔之得一者"一句，意思是说如果人们想得到这个玄妙而伟大的一，就一定要摒弃私心杂念和分别之心，达到"物我两忘"的境界。也就是外物与我没有分别，心中没有美丑、善恶与荣辱的界限。心中没有了这些概念的差别，也就不会产生分别之心；没有了分别之心，就不会有争夺的想法；没有了争夺的想法，就不会因为没有达到目的而感到痛苦和烦恼。没有善恶、荣辱、贵贱的概念，没有分别之心，没有争的念头，没有痛苦和烦恼……这样，人生就达到了无欲无求无为的境界，这就是个人与大道的和谐统一。贵，来源于贱，贱是贵的培养基。高，起源于下，下是高的垫脚石。

人生在世，短短几十个春秋，如果我们把人生的意义定位在满足自己的贪欲上面，为个人的念想去奋斗，自然会陷入痛苦的境地。由于欲望的驱使，可能还会做出一些违背道德的事情来。一旦做出这种行为，就会伤害别人，还会使自己的幸福毁于一旦，这种结局必然是痛苦的。所以，人们只要保持无私欲、不为己，就会到达人生的最高境界，就会得到全社会的尊重。因此，作为一个尊道、守道、习道的人，既要有玉石那样的品质，又不能像玉石那样离群索居；既要和群众打成一片，植根于群众，又不能只做一个普通的群众。

第四十章

反[1]者道之动，弱[2]者道之用。天下万物生于有[3]，有生于无[4]。

注释

[1] 反：循环往复。一说意为相反，对立面。

[2] 弱：柔弱、渺小。

[3] 有：指道的有形状态，与第一章“有名，万物之母”的“有”相同。但不是有无相生的“有”义。

[4] 无：指道的无形状态，与第一章“无名，万物之始”的“无”相同。但不是有无相生的“无”义。

【老子说】

大道运行和变化的过程是循环往复，大道运行和变化的基础是细小、卑微的物质与力量。世间万物诞生于看得见的物质，但看得见的物质来源于看不见的内容。

【品 读】

事物的发展朝着相反的方向渐进，是道的客观存在和表现形式。自然界的事物无不处在永不停息的运动变化之中。夏天，蝉蜕挂在枝头，而蝉却没了踪影。当人们四处寻找时，树叶深处传来阵阵蝉鸣。然而，好景不长，随着夏天的逝去，蝉的生命也就走到了尽头，第二年夏天，另一组蝉声又起，如此循环往复。一只蝉从生到死，四至十年的蜕变过程就是“道之动”的一种表现形式。

“弱者道之用”。微弱细小的东西是道发挥作用的基础。同时，道在发挥作用的时候，作用力也是很柔弱的，任何具体事物都感觉不到。它顺其自然，任由一切事物依照自然规律发展变化而绝不强加干涉，它留给万物自由发展的广泛空间。因此，道，孕育了万物，却不主宰万物，不把万物据为己有，不使万物受制于自己的力量。大道的德行就是循环往复和柔弱顺应。世间的任何事物都是由道而生，自然也合乎大道的德行，只有这样才能正常生长、发展和运行。一旦违背了道的德行，那就会被大道抛弃。

第四十一章

上士闻道，勤而行之；中士闻道，若存若亡；下士闻道，大笑之——不笑不足以为道。故建言[1]有之：明道若昧，进道若退，夷道若颣[2]。上德若谷，大白若辱[3]，广德若不足，建德若偷[4]，质真若渝[5]，大方无隅[6]，大器免成，大音希声，大象无形。道隐无名。夫唯道，善始且善成[7]。

注释

[1] 建言：立言。

[2] 夷道若颣：夷，平坦；颣，崎岖不平、坎坷曲折。

[3] 大白若辱：辱，黑垢。一说此句应在“大方无隅”一句之前。

[4] 建德若偷：刚健的德好像怠惰的样子。偷，意为惰。

[5] 质真若渝：质朴而纯真好像不真而有假。渝，改变、有假。

[6] 大方无隅：最方整的东西却没有棱角。隅，角落、墙角。

[7] 善始且善成：此句意为道对万物慎终如始，而万物的生、成、变、功、灭，自始至终也离不开道的作用。

【老子说】

具有高度智慧和觉悟的人了解到道的内容，自觉地遵循道的法则去践行；中等智慧和觉悟的人了解到道的内容，对道将信将疑；下等智慧和觉悟的人了解到道的内容，就哈哈大笑——倘若不被下等智慧和觉悟的人所嘲笑，道就不足以成其为道了。所以，古人传下来的言论是：看懂了道的理念，认识了道的规律，也要抱着仍在黑暗中摸索的心态；越是接近道的境界，觉得距离道的真谛越远。践行道的理念，就像走在崎岖陡峭的山路上一样艰难。崇高的德行有如幽深的峡谷，看似白茫茫一片，又随时都有被污染的可能；广施大德也有很多做得不够的地方；刚健有力的德行，也有怠惰乏力的时候；质朴纯真的思想也有被私心侵蚀的可能；洁白无瑕的品质也有被欲念干扰的风险。总之，最方正的作品没有棱角；最大的器具无须合成；最大的声音听来无声无息；最大的形象，就是没有形状。道，看不见，摸不着，闻不到，它无形无状。但只有道，才能对万物的化育周而复始地发挥作用，并成就万物。

【品 读】

文中，老子把人分为上士、中士和下士三个等级。这是就人的知识、觉悟和智慧水平的高低而言的。因此，上士应是悟道较深者，中士是对道有悟而不彻者，下士便是对道一无所知的人。由于每个人对道的领悟程度不同，所以就会产生对道的不同看法：上士听人讲道，能够很快领悟到其中的真谛，并以领悟到的道理指导自己的行动，自觉应用到实践中去，以实现自身与大道的和谐统一。中士听人讲道，不能完全理解道的真谛，总是半信半疑，并不善于把领悟到的内容应用到实践中去。至于下士，他们听人讲道，听完后否认道的存在，并可能会对得道论道之人进行嘲讽，更不用说运用大道的真谛去指导实践，指导自己的人生。

接下来，老子借用前人传下来的建言，说明道的存在状态、认识进程、践行结果：走在光明的大道上，恰似在黑暗中摸索，即看懂了道的理念，认识了道的规律，也仍要抱着在黑暗中摸索的心态；不断向前迈进，却好像在向后倒退，即越是接近道的境界，觉得距离道的真谛越远；走在宽广的大道上，要有踏入崎岖小道一样的思想准备，时刻提醒自己不能有任何闪失。这段相对晦涩难懂的话，非修道之人很难领悟其中的奥妙。但世界上大多数是普通人，如果我们不能宽容地对待他们，那么老子论道就没有意义。因此，得道的上士，要有山川河谷一样的胸怀，容得下世间各式各样的人，听得进世间各式各样的意见，在践行大道的过程中，不能有丝毫的懈怠。否则，一心守道、循道的初衷就有可能被私心杂念所干扰。这是很自然的一种现象：最方正的作品没有棱角；最大的器具无须合成；最大的声音听来却无声无息；最大的形就是没有形状。道，看不见，摸不着，闻不到。但只有道，才能够对万物的化育周而复始地发挥作用，并成就万物。只有践行道，才能自然地宽容地对待世界上每一个人、每一件事，才能促成人类社会一个又一个目标得以实现。

在现实生活中，我们难免要和形形色色的人打交道，这些人有的粗俗，有的高雅；有的单调乏味，有的幽默风趣；有的宽容大度，有的小肚鸡肠。面对各式各样的人，我们应当如何与他们交往？如果自视清高，不与世俗之人交往，甚至看到他们就冷眼相待，或者与他们斤斤计较，则自己也就陷入了低俗的深渊。如果能够做到以自己高洁的品行感化世人，使每个人都慢慢地脱离低俗，走向道境，那就是识道、守道、循道的应有表现。他就好像与道合而为一，有用之不竭的能量，就能心想事成、受益终生。

第四十二章

道生一[1]，一生二[2]，二生三[3]，三生万物。万物负阴而抱阳[4]，冲气以为和[5]。人之所恶，唯孤、寡、不穀[6]，而王公以为称。故物或损之而益，或益之而损。人之所教，我亦我而教人：强梁者不得其死。吾将以为教父[7]。

注释

[1] 一：指相对的一个整体，如地球、人、兰花等世间万物。

[2] 二：指一个相对的整体初次分化的现象。

[3] 三：指一个相对的整体再次分化的现象，即两个对立的方面相互作用而产生的另一个相对的整体，进而生成万物。

[4] 负阴而抱阳：即任何一个整体都有阴阳两性。负和抱是承载的不同方式。

[5] 冲气以为和：此句意为阴阳二气互相碰撞交合，成为平静和谐的状态，从而形成新的统一体。冲，冲突、交融。

[6] 孤、寡、不穀：这些都是古时候君主用以自称的词。意在不希望有第二

个或更多。

[7] 教父：有座右铭的意思。父，有的学者解释为“始”，有的解释为“本”，有的解释为指导思想。

【老子说】

道，在一定条件下生化出一个新的系统。这个新系统是相对独立、周而复始、不断地发生变化的。这个系统又生化出新的系统。每个新的系统都是独一无二的。由此，一个生两个，两个生三个，如此类推，生化出世间万物。万物皆有阴阳两性。阴阳交合，相互依存，就能形成和谐稳定的生存状态。“孤”“寡”“不穀”的状态，为人们所憎恶，但君王却用来称呼自己，意在不希望有第二个或更多，唯我独尊。但任何事物都处在不断变化之中，若用一股力量去减少，就必然有一股力量去增加；若用一股力量去增加，就必然有一股力量去减少。这是前人的教诲，我也就照着说了。一个人称王称霸、仗势欺人、恃强凌弱、强人所难，都不会有正常的结局。因此，我把这句话当作人生的座右铭。

【品 读】

本章重在阐释大道的衍生规律，即道生一，一生二，二生三，三生万物。一是人类感知到的所处的一个多维混合体，是一个完整的循环系统。这个系统再不断地化育一个又一个新的系统。它是怎样化育的呢？老子说：“万物负阴而抱阳，冲气以为和。”《黄帝内经》说，背为阳，腹为阴。因此背负者为阴，怀抱者为阳。此处其意不在阴阳，而在于阴阳一体。任何一个相对独立的事物，都必定有阴阳两性。“孤阴不生，独阳不长”，这是中国哲学思想的内核，是五千年来中国文化的指导思想。“负阴抱阳”（比如男欢女爱）是形式，“冲气”是过程，“为和”是结果。结果是一生二，二生三，三生万物，永无止息。

世间万物都有阴阳之分，各种生物也都有雌雄之别，也就是我们所说的阴阳。雄性具有阳刚之气，雌性则具有阴柔之气，阳刚和阴柔是万物的特征，是万物得以生生不息的基础。道是混沌未开、浑然一体的，阴和阳是对立统一的。只有对立的阴阳糅合在一起，才能成为一团“和气”。所以自然界总有异性相吸、同性相斥的现象。天气阳而地气阴，万物生于天地之间，必然带有阴阳二气。万物之所以生，是由于阴阳相合而生成的和气所致。正是有了和气，才使万物得以安宁和生生不息。

在人类社会，不管是王侯公卿还是平民百姓，只有为人和气，才算是有道德的人。如果肆意妄为，坏事做尽. 就是阴阳不和，就是不和气的人，就不会得到人们的认可，更不会得到大道的庇护，自然会受到自然规律的惩罚。

通常情况下，人们都喜欢风和日丽的天气，而厌恶风雨交加的日子，这是人们趋阳避阴的特征。任何人都不喜欢鳏寡孤独，不希望被人遗弃。然而王侯公卿常常称呼自己为“孤”“寡”“不榖”。这种自谦的说法，说明他们本身并没有脱离“和气”，他们希望通过自谦，得到天下万民的拥护和尊敬，也就是损之而益的道理。日常生活中，“和气生财”“家和万事兴”，这里的和也是“和气”。和气的人，不计较个人得失，也不贪占小便宜，身上的痛苦和烦恼自然也就少了许多。所以，哪怕是处在人生的低谷，遇到诸多不如意的事情，也要相信阴阳总是平衡的。有失必有得，有下必有上。人们不应为一时的得失而或喜或悲，而要冷静、平淡、安稳、和气地面对一切变故。同时，老子在综合万物发展规律后提炼出了一条真理：“强梁者不得其死”。意即在欲念的驱使下，违背客观规律而行动的人，不会有正常的结局。老子把这句话视为他终生的座右铭。

第四十三章

天下之至柔，驰骋[1]于天下之至坚。无有入于无间[2]，吾是以知无为之有益。不言之教，无为之益，天下希[3]及之。

注释

[1] 驰骋：形容马奔跑的样子，也形容自由随意地行走。
[2] 无有入于无间：无形的能量或物质能够进入没有间隙的东西。无有，指不见形象的东西。
[3] 希：一本作“稀”，稀少。

【老子说】

天下最柔弱的东西，蓄积着人们看不见的巨大能量，最坚强的东西也无法抵挡，任其奔跑腾跃。无形的能量或物质能进入没有间隙的材料。通过这些现象我才认识到“无为”的好处。教化世人，不在于多说，而在于多做，在于以身作则。处理事务，不在于随心所欲地多做，而在于不做出与道相悖的行为。有时候工作做得越多越坏事。可是，天下很少有人能认识到这些道理，并遵照这些道理去行动。

【品 读】

天下的至柔之物为水，它泰然自若、无欲无求，可以任由我们把它放在不同的器皿之中。老子认为，水象征着大道的德行。水顺着低洼的河谷缓缓前行，默默无闻地顺流而下，滋润着田地、山谷。它从不在地势险峻或壮观的地方驻足停留，它造福万物却不主宰万物；它不居功自傲，甘居卑下的地位。但是，它却能在最为坚硬的东西中驰骋、奔流。虽然水柔弱到了近乎虚无的境界，但这并不意味着它柔弱可欺。正如李白所言：“抽刀断水水更流。”水是柔顺的，但是当它面对锋利坚硬的刀时，却丝毫也不畏惧。一滴两滴水的力量微不足道，但时间久了，水滴就凭着不断的积累侵入石头内部，把硬石滴穿。自从地球冷却以来，水就凭着自己柔顺的特性攻无不克，几乎侵占了所有的领域：平原、丘陵、沟壑、沼泽、低谷、海洋。水是万物的生存之源，也是人们赖以生存的基本条件：人类躺在母体之内的时候，羊水就为每个人提供给养；同时，羊水也保护着我们的身体，以免受外物的挤压而造成伤害。因此，可以说水是孕育人类的源泉，也是孕育万物的源泉。水的作用如此巨大，但是它却十分谦逊，它时刻表现出无为、质朴、默然的柔和状态，“润物细无声”。然而，水创造世界，改变世界、都只是顺道而为，不是有意而为。上述水的特点，类似于道的性状。“不言之教，无为之益，天下希及之。”能够拥有水一样的特性，做到心静如水，顺道而行，行不言之教，做无以己为之事，只问耕耘，不问收获，普天之下，很少有人能达到这个境界。

第四十四章

名与身孰亲？身与货孰多[1]？得与亡孰病[2]？甚爱必大费[3]，厚藏必多亡。故知足不辱，知止不殆，可以长久。

注释

[1] 多：贵重的意思。
[2] 病：有害。
[3] 甚爱必大费：过于爱名就必定要付出很大的耗费。

【老子说】

人的名望和生命相比，哪一样更值得珍爱？人的生命和物质利益相比，哪一样更值得保重？获得和失去相比，哪一类对人更为不利？不顾一切地争名夺利，就必然会付出巨大的代价；不顾一切地将财物据为己有，就必然会遭受巨大的损失。所以说，懂得满足，就不会遭受屈辱；懂得适可而止，就不会遭遇危险。坚持不懈地这样做，就可以保持长久平安。

【品读】

本章与第十三章类似，着重讲怎样保障人的尊严。十三章以宠辱荣患和人的自身价值对比，说明人要自重、自爱。这一章以名与货和人的自身价值对比，说明人要自重、自爱，千万不要为名利所累。

虚名和人的生命相比、货利与人的价值相比，哪一个更为重要？争夺货利还是重视人的价值，这二者的得与失，是老子在本章向人们提出的尖锐问题，也是每个人的人生观问题。老子讲不要贪图虚荣与名利，要珍惜自身的价值与尊严，不能自贱其身。“知足不辱，知止不殆”，这是老子对为人处世的精辟见解和高度概括。“知足”就是说，任何事物都有自己的发展极限，超出此限，则事物必然向它的反面发展。因而，每个人都应该对自己的言行举止有清醒而准确的认识，凡事不可求全。贪求的名利越多，付出的代价也就越大，积敛的财富越多，对自身的损害也就越大。他寄希望于世人，尤其是手中握有权力的人，对财富的占有要适可而止。知足，才可以做到“不辱”。“甚爱”，指的是极度地贪爱名望与地位，这一行为必然会消耗大量的精力，甚至付出惨重的代价。“厚藏”，是对物质利益的过度追求。一个片面追求物质利益的人，必定会采取各种手段来满足自己的欲望，有的人甚至不择手段，巧取豪夺，贪赃枉法。“多亡”，即“厚藏”的损失巨大，既包括物质方面的损失，也包括人的精神、自由、人格、品行等多方面的损失。“故知足不辱，知止不殆，可以长久。”所以，任何人在名利和地位面前，知道满足，就不会钉在耻辱柱上，知道适可而止，就不会有危险。因此，知道满足是明智的，知道适可而止，就能长期安享太平。老子不反对人们利用智慧的头脑和勤劳的双手争取财富与名誉，但人们必须淡泊明志、俭以养德，在名利面前保持不妄追、不妄求、顺其自然的心态。否则，将物极必反，祸害临身。

第四十五章

大成[1]若缺，其用不弊[2]。大盈若冲[3]，其用不穷。大直若屈，大巧若拙，大辩若讷[4]。躁胜寒，静胜热[5]。清静为天下正。

注释

[1] 大成：最为完满的东西。
[2] 弊：隐蔽、弊端、害处之义。
[3] 冲：指缺月、虚空。
[4] 讷：拙嘴笨舌。
[5] 躁胜寒，静胜热：躁动战胜寒冷，安静战胜暑热。

【老子说】

完满美好的东西，也有欠缺的地方，但不管它有无欠缺，都不会妨碍它发挥其自有的功能。本来是很圆满的东西，却呈现残缺的景象。如天上的月亮，看上去已经圆满，但随着时间的变化，它将变成残月，不管是圆月还是残月，月亮发光的功能都始终存在。最为正直的东西，好像是弯曲的；最为灵巧的东西，好像是笨拙的；最为卓越的辩才，好像是不善言辞的。因此，躁动战胜寒冷，安静战胜暑热。彻底抛弃私心私欲，实行无为而治，就能引领天下人走上正确的道路。

【品 读】

老子从辩证地认识自然物开始，再引申到认识社会和人。其中“大成”“大盈”“大直”“大巧”“大辩”可以理解为人的品格内容；“若缺”“若冲”“若屈”“若拙”“若讷”则是人的外在表现。它说明一个完美的人格，不在于外形上的表露，而在于内在生命的精力充沛、含蓄、内敛、壮实、敦厚。

“大成若缺”，意思是一个取得了巨大成就的人要感觉到自己还有做得不够、有所欠缺的地方。因为，只有让自己保持头脑清醒，感到有所欠缺，才能保持并扩大已有的成就，发挥出终老不衰的能量。

“大盈若冲，其用不穷。”其中的“盈”是充盈、丰满的意思；“冲”是盈的反义，有虚空的意思。一个能盛水一斤的杯子，灌一斤水后，再也装水不进。但要认识到这个装满水的杯子具有杯子的功能。因为杯子本身的作用还是没有改变。一个人的文化水平越高，他越是体现着谦恭谨慎，因为他虚心吸取新知和听取意见的态度没有改变。仰望天空，十五的月亮大而圆，但到了初一就几乎看不见。不管是圆月还是残月，月亮“发光”的功能永远存在。这些现象说明一个道理：世间事物不断变化，但其所能发挥的作用不会改变。老子告诉人们，要透过现象看本质，要把握机遇。适时适度适可而为，也就是循道而为，无以己为，切不可永无止境地追求圆满无缺的状态。因为这种状态继续发展下去，便会朝着相反的方向转化。所以，只有保持“大成若缺”“大盈若冲”的心态，才不至于走向极端。“大直若屈，大巧若拙。”“屈”意为弯曲。“巧”指的是心灵手巧。在老子看来，机巧有两类。一类是邪恶的，它把人类从朴素引向奢华、从简单引向复杂、从守道引向离道；一类是正常的，它遵道而行，无为又无不为。因此，充分领会这句话，一定要跟老子“无为”的思想联系起来。如果把“为”比作电子计算机，无为是硬件，无不为是软件。最大的机巧者也是这样。外观的硬件笨重拙劣，其发挥作用的各种软件应对自如。这是保护自己、发挥其作用的需要。“大辩若讷”的意思与“大巧若拙”相近，说的是语言技巧和策略，引申为生存技巧和策略。它的主要特点就是不强硬、不咄咄逼人、不锋芒毕露，有如春风化雨的样子，这是一种十分睿智的与道吻合的处世策略。在老子看来，那些聪明者、强壮者、富足者、当权者，不可炫耀自己的智慧、权力和财富。

“躁胜寒，静胜热。清静为天下正。”前一个“静”指的是安静，后一个“静”意为清静。寡欲为清，无为乃静。诚如苏辙《老子解》所言：“唯泊然清净，不染于一，非成非缺，非盈非冲，非直非屈，非巧非拙，非辩非讷，而后无所不胜，可以为天下正矣。”意在一个“静”字。常态为静，动中之静。不偏不倚，无为而治，则可引领天下人走上循道而行的正确道路。

第四十六章

天下有道，却[1]走马以粪[2]；天下无道，戎马[3]生于郊[4]。罪莫厚于甚欲，咎莫憯[5]于欲得，祸莫大于不知足。故知足之足，常【恒】足矣[6]。

注释

[1] 却：驱，驱使。

[2] 走马以粪：意为驱使马匹去耕作农田。以，动词，去、使的意思；粪，耕作农田。

[3] 戎马：战马。

[4] 生于郊：指牝马生驹于战地的郊外。

[5] 憯（cǎn）：同“惨”。惨痛。

[6] 故知足之足，常【恒】足矣：知道满足的这种满足，是永远感到满足的。

【老子说】

人类社会治理合乎道，马儿被驱使去为农业生产服务。人类社会的治理不合乎道，连怀孕的母马也要送上战场，在战场的郊外产下马驹。最大的罪恶莫过于放纵欲望，最大的罪过莫过于贪得无厌，最大的灾祸莫过于不知道满足。所以，欲望要有止境，有止境的欲望能使人永远保有满足的心态。

【品 读】

老子站在循道的立场和人性的角度看社会、品人生。春秋战国时代，诸侯争霸，战争连年不断，给社会生产和人民群众的生活造成了沉重灾难。老子认为，战争的起因是统治者的贪欲无止境。欲望使人类进步，但欲望也是一切犯罪和灾祸的根源。老子不反对满足欲望，但反对欲望的无止境。

“天下有道，却走马以粪；天下无道，戎马生于郊。”“有道”即识道、守道、循道而行。这句话的意思是，天下遵循大道，把战马赶到田间去耕作；天下不遵循大道，战争不断，连怀孕的母马也要送上战场，只能在郊野产下马驹。春秋后期，各诸侯国为了争利，不断发动战争，而黎民百姓则在乱世之中妻离子散、家破人亡，处境极为悲惨。老子站在民众的立场和智者的高度，分析了战争的成因和影响。他认为，战争是统治者为了满足自己的私欲而发动的。所以，要想避免战争，就得让统治者明白一个道理——战争不仅不能使国家强大，反而会削弱自己的统治。只有清醒地认识到这一点，统治者才能摒弃私心杂念，实行无为而治。无为而治，合乎道。合乎道，天下太平。不实行无为而治，就不合乎道，不合乎道，就会战争频频，天下大乱。这是每个人都不希望发生的。

所以，“咎莫憯于欲得”。“欲得”是一切灾祸的根源，是一个无底洞，任何人若深陷其中而不拔，必将付出无法估量的代价。“祸莫大于不知足。”“不知足”是人类心灵的重要特征，它让人产生出种种苦恼，同时它也引导人们跨越了人和动物之间的分水岭。人类在“不知足”的驱动下，告别漫长的原始蛮荒时代，逐渐脱离了无知无识的愚昧状态。同时，“不知足”也催生了人类的勃勃野心，导致人们为满足欲望而不择手段，如杀人放火、偷盗抢劫、发动战争等，所以，老子把“不知足”看作人类社会的最大祸因。“知足之足，常【恒】足矣。”在私利面前知足敛欲，就能永远保持满足的心态。

第四十七章

不出于户，以知天下；不窥于牖[1]，以知天道[2]。其出弥远者，其知弥鲜。是以圣人不行而知，不见而明[3]，弗为[4]而成。

注释

[1] 牖（yǒu）：窗户。
[2] 天道：日月星辰运行的自然规律。
[3] 不见而明：一本作“不见而名”。此句意为不窥见而明天道。
[4] 弗为：无为、不妄为。

【老子说】

足不出户，可以推知天下的事理；眼不望窗外，可以知道日月星辰运行的规律。跑得越多越远的人，就越能认识到自己的不足，从而不断地努力学习，努力提升自己的认知水平。所以，循道、守道的圣人，足不出户也能推知天下事理，眼不望外也能明白日月星辰的运行规律。坚持不违背道的宗旨，不妄加施为，自然能成就一番事业。

【品 读】

本章的基本观点是：在认识上依靠感觉和经验是靠不住的。对客观世界的认知要由表及里、由浅入深、由点及面，才能认识事物的本质特征和内在联系。不认识事物的本质特征和内在联系，就会扰乱人的心智，就不能领悟大道，不能领悟大道就不能知晓天下万物的变化和发展规律，不知晓规律就不能达到“不行而知，不见而明，弗为而成”的境界。老子从无为的思想出发，提出了自己的认识论和实践论。从认识上讲，世俗的方法是见多识广，老子的方法则是“得其一”，“抱一为天下式”，领悟道这个总纲。从实践上讲，是顺道而行，不主观妄作。

“不出于户，以知天下；不窥于牖，以知天道”。“户”即门户、家门。“知”意为对世界本来面目的认识。“天下”即整个现实世界。“天道”即大自然的变化状态，也就是世界发生、发展所呈现的规律。老子认为，进道不辍、与道合一者，不必出门，也能够推知天下的事理，不看窗外，也能够了解大自然的变化状态。但这句话的前提是，与道合一，“抱一为天下式”。

“其出弥远者，其知弥鲜。”“出”即远离家园。一个人离家远行，考察世界，走得越宽广，看得越多，越觉得自己的知识不足。“是以圣人不行而知，不见而明，弗为而成。”所以，达到“圣人”境界的习道者，不离家远行，也知道世事的变化，不去现场考察，也能推知事物的真相，不去亲力亲为，也能促使伟业的成功。

第四十八章

为学日益[1]，为道日损[2]，损之又损，以至于无为。无为而无不为[3]。（将欲）取天下，常【恒】以无事[4]；及其有事[5]，不足以取天下。

注释

[1] 为学日益：做学问，日积月累，随着时间的增加，知识能不断长进。

[2] 为道日损：遵循道的法则，不带任何私欲地做工作，随着时间的增加，工作量反而不断减少。

[3] 无为而无不为：无所欲而为，即不带任何私欲地做工作，就没有什么事情做不成。

[4] 常【恒】以无事：世传本为"取天下常以无事"。今据马王堆帛书本还原，更合老子本意。无事，无劳民伤财之事。

[5] 有事：有劳民伤财之事。

【老子说】

做学问的人，日积月累，随着时间的延长，知识就能不断地长进；求道的人，遵循道的法则，无私无欲地做工作，随着时间的延长，工作量反而不断地减少。减少又减少，最后达到“无为”的境界。一个人无欲而为，就没有什么事情不能做。希望夺取一方治权，要以不劳民伤财为出发点和最终目的，如果有劳民伤财的行动，那他就不配取得一方治权，也不能取得一方治权。

【品 读】

老子从认识和实践两方面阐述求道修道的渐进过程。为学，就是坚持不懈地向外界探索新知。知识无限，既没有开始，也没有结束，人类对知识的探索永远没有尽头。一个人纵然用一生的时间来学习，也不能把世间的知识学完。学习是为了应用，通过学习，就能不断深化对宇宙和人类社会的认识，从而使人们的认识更接近真理。老子清醒地认识到了这一点，他在追求知识的同时，更追求内心与大道的和谐统一。因此他提醒世人，为道则需要人们时刻剔除心中的杂念，时刻保持一颗平常心。这个“平常心”指的就是认识道、接近道、遵循道，剔除主观意识。“致虚极，守静笃。”（第十六章）在修道的过程中，使私欲渐渐消除，最后达到无为的境界。

即不以私为，无以己为，不为所欲为，更不虚为、妄为、胡作非为。做什么事情都合乎道，合乎道，就无为而无不为了。

“无为而无不为”的思想贯穿于《道德经》的始终，它是老子提出的极富智慧的哲学命题。他从哲学的高度论证了“无为”的社会意义。从表面上看，“无为”是消极的，是保守的；但从本质上来说，无为是在发展变化中避开矛盾的对立面，使其畅通无阻，从而达到无欲无穷的境界，是积极的，是进取的。所以，“（将欲）取天下，常【恒】以无事，及其有事，不足以取天下。”“取”即夺取、掌控。老子的意思是，统治者夺取政权、治理国家，要遵循道的理念，经常保持清静无为的态度。不给百姓添麻烦、增负担，不与百姓争权、争利、争功劳。否则，就不配成为天下的统治者，也不可能成为天下的统治者。

第四十九章

圣人常【恒】无心[1]，以百姓之心为心。善者善之，不善者亦善之，德[2]善也。信者信之，不信者亦信之，德信也。圣人之在天下也，歙[3]歙焉为天下浑心[4]，百姓皆注其耳目[5]焉，圣人皆孩之[6]。

注释

[1] 恒无心：从来没有个人的意愿。
[2] 德：假借字“得”。得到、达到的意思。
[3] 歙（xī）：原意为吸气，此处指收敛意欲，不张扬。
[4] 浑心：自己的心思和天下人的心思浑然一体。
[5] 注其耳目：专注于自己的视听。
[6] 皆孩之：孩，作动词用。善待孩童那样。

【老子说】

圣人从来都没有个人的愿望，以百姓的愿望为自己的愿望。对善良的人，我善待他；对不善良的人，我也善待他，就可以实现人心向善的目标。对守信的人，我信任他；对不守信的人，我也信任他，则可以实现全社会都讲诚信的愿景。圣人放眼世界，胸怀天下，收敛个人的意愿，剔除个人的情怀，把自己的心思和天下人的心思融为一体。百姓对圣人的言行都聚精会神地关注着，看在眼里，听在耳里，记在心里。圣人对百姓的关爱，如同对待自己的孩子一样。

【品 读】

老子认为，理想的执政者没有私心，以百姓之心为心。统治者要用行动教育和引导百姓，使人守信、向善。他把以道治天下的希望寄托于理想的圣人。

圣人永远无私欲、无妄念。他想百姓之所想，忧百姓之所忧，解百姓之所难，谋百姓之所愿，以百姓之心为心。对于善良的人或者善于识道守道的人，善待他，对于不善良的人或者不善于识道守道的人也同样善待他，圣人通过自己的实际行动彰显遵循大道的理念。对于守信的人自然会信任他，对于不守信的人也同样信任他，圣人通过不分彼此的信任，自然能感化不守信的人，从而构建诚信社会。“圣人之在天下也，歙歙焉为天下浑心。”圣人在广大人民群众之中，胸怀天下，没有主观意愿，没有正邪好歹的观念，没有差别地待人，自然能收敛个人的私情、私念和私欲，把老百姓的所思所想所盼，转变为自己的行动理念。“百姓皆注其耳目焉，圣人皆孩之。”圣人的一言一行，是否分彼此、是否别亲疏，老百姓都在聚精会神地关注着。因此，圣人对百姓，就像父母对待自己的小孩一样，一视同仁地关心、关爱和关照，唯望其茁壮成长。

第五十章

出生入死[1]，生之徒[2]，十有三[3]；死之徒[4]，十有三；而民生生，动皆之于死地[5]，亦十有三。夫何故也？以其生生[6]也。盖闻善摄生[7]者，陆行不遇兕[8]虎，入军不被甲兵[9]。兕无所投其角，虎无所措其爪，兵无所容其刃。夫何故？以其无死地[10]焉。

注释

[1] 出生入死：出世为生，入地为死。

[2] 生之徒：徒，应释为类。生之徒即长寿之人。

[3] 十有三：十分之三。

[4] 死之徒：属于夭折一类的人。

[5] 而民生生，动皆之于死地：意为人本来可以长生，却意外地走向死亡之路。

[6] 以其生生：由于求生的欲望过度。

[7] 摄生：养生之道，即保养自己。
[8] 兕（sì）：犀牛类动物。
[9] 甲兵：铠甲，兵器。
[10] 无死地：没有进入死亡范围。

【老子说】

人类从出生到死亡，能够长寿的约十分之三；短命的约十分之三；本来可以长寿却自动走向死亡的，也有约十分之三。为什么会这样呢？因为有的人把生命看作是自己个人的，把自己的生活享受放在第一位，患得患失。而那些善于珍惜生命，把生命与道融为一体的人，遵道而居，顺道而行，正气凛然。在陆地上行走，不担心遇到凶恶的犀牛和猛虎，在战争中不担心受到武器的伤害。犀牛对其身无处投角，老虎对其身无处伸爪，武器对其身无处攻击。这是为什么？因为他早已与道融为一体，把个人的生死置之度外。

【品 读】

生和死是一个很沉重的话题。生，给我们带来欢喜。死，给我们带来阴霾。很多人谈“死”色变。但是，不管人类如何惧怕死亡，死亡都不会对人类心生怜悯，它总有一天会降临到我们的头上，这是谁也不可避免的。有出生就会有死亡。人们怎样才能使生命尽可能长久？老子告诉人们，识道、守道、修道、循道，收敛个人欲念，顺应自然规律，与道合一，把个人生死置之度外，他自然就是一个长寿之人。

在老子看来，很多人可以长寿，但是由于自己的缘故而早死的占了十分之三。这“自己的缘故”，就是“动皆之于死地”。动，不是身动，而是心动。约有十分之三的人怀有贪欲之心、好恶之心、名利之心、执着之心和贪生怕死之念，而使自己陷入为名为利为欲的执着状态。然而，人类的贪欲之心、好恶之心、名利之心和执着之念，是人类陷入痛苦与烦恼的根源。很多人都希望自己过上幸福的生活，希望自己比别人强，希望自己比别人长寿。但是，理想很丰满而现实很残酷：人家有别墅，自己却没有；人家有姣丽的容貌，自己却没有；人家有华丽的衣服，自己却没有；人家有依靠的关系，自己却没有……思来想去，总觉得命运对自己不公平。这样一来，攀比之心、忌妒之心、唯利是图的情愫就挥之不去，郁郁寡欢，甚至走火入魔、铤而走险、为所欲为，时间长了必然会损害自己的身体和心理。因心理疾患而死的大概也有十分之三。

“盖闻善摄生者，陆行不遇兕虎，入军不被甲兵。兕无所投其角，虎无所措其爪，兵无所容其刃。”老子认为，犀牛和老虎是凶猛异常的动物。它们不惧怕人类，也没有分别之心，它们不会因为人们的怕与不怕而决定自己的行动。而对于守道循道的人来说，即使他面对老虎和犀牛，他也不会惧怕伤害，因为他的心里没有伤害的概念。如果犀牛和老虎凶猛无敌，甚至要了他的性命，那也是道之使然，对他个人没有伤害。同样的道理，合乎大道德行的人，即使身在战场，也一定会冲锋陷阵，不惧敌人的刀剑，对死亡没有丝毫的恐惧，一切顺其自然。那些刀剑的锋刃，对于与道合一的人来说，不过是宰生杀生之器，于道而言，失去了它应有的威力和意义。反之，贪生怕死的人身在战场，他一定对死亡充满畏惧，而不敢与敌人近身搏斗，反而会遭到敌人锋利刀剑的攻击。且看那些驰骋疆场几十年的将军元帅，有谁是贪生怕死之辈？所以，一个人只要坦然地面对人生道路上的艰难险阻，即使遇到最大的危险也无所畏惧。

“夫何故？以其无死地焉。”在本章的最后，老子通过一句“以其无死地”，概括地说明了善于养生之人不会遭受锋利刀剑、凶猛野兽伤害的缘由，即善于养生之人顺应大道，依照客观规律行事，外患只能靠近他的肉身，而不会伤及他的思想和灵魂，所以也就不会因外患而亡了。对老子的这句话，庄子在《达生》篇有一段精彩的对白：“子列子问关尹曰：‘至人潜行不窒，蹈火不热，行乎万物之上而不栗。请问何以至于此？’关尹曰：‘是纯气之守也，非知巧果敢之列。……夫若是者，其天守全，其神无隙，物奚自入焉？夫醉者之坠车，虽疾不死，骨节与人同，而犯害与人异，其神全也。乘亦不知也，坠亦不知也，死生惊惧不入乎其胸中，是故迕物而不慴。

彼得全于酒而犹若是，而况得全于天乎？圣人藏于天，故莫之能伤也。’” 这段话应是“以其无死地”最好的注脚。人，只要依照天道行事，把生死置之度外，就没有什么可忧可患、可惧可怕的，就进入了舍生忘死的境界。因此，珍惜生命不是用怕死来表现，而是应该让生命释放最大的能量，实现人生的价值，以此来体现人们对生命的珍惜和重视。回顾中国共产党一百年来的革命、建设、奋斗史，多少仁人志士，无一不是把自己的生命与共产主义理想的大道合在一起，把个人的生命置之度外，前赴后继，充分实现了他们的人生价值，备受后人怀念和敬仰。

第五十一章

道生之，德畜之，物形之，器成之[1]。是以万物莫不尊道而贵德。道之尊，德之贵，夫莫之爵而常【恒】自然[2]。故道生之畜之，长之育之，亭之毒之[3]，养[4]之覆[5]之。生而不有，为而不恃，长而不宰，是谓玄德[6]。

注释

[1] 器成之：器使之得以完成。
[2] 莫之爵而常【恒】自然：不干涉或主宰万物，而任万物自化自成。
[3] 亭之毒之：一本作“成之熟之”。亭，养育使之长大。毒，通督，养育使之成熟。
[4] 养：爱养、护养。
[5] 覆：维护、保护。
[6] 玄德：即上德。潜蓄而不外显的品格，自然而无为的德性。

【老子说】

道，生成万物，万物皆有独立的特征特性。德，包容万物各自独立的特征特性并养育万物，千差万别的物体才逐步形成。万物在各自生命力的作用下逐步成为独立完整的物体。因此，万物无不遵循道的法则和倚重德之养育。道之所以被遵循，德之所以被倚重，就是由于道生长万物而不行干涉，德畜养万物而不行主宰，一切顺其自然。在道生德养的过程中，道不因其所生而据为己有，德不因其抚育而自恃有功,万物长得不能再长了也不安排它的归宿，顺其自然，这就是含蓄而不外显的品格、自然而无为的德性，称之为玄德。

【品 读】

道和德都不干涉万物的生长繁衍，而是顺其自然。德是道的功能，是道在自然界具体作用的显现。万物的生长，顺应客观存在的自然规律，不可能也不需要道和德的具体安排。

“道生之，德畜之，物形之，器成之。”万物由道生出以后，接下来该由谁来抚养呢？德。老子称其为“德畜之”。道和德共同构成了完整的“道德”体系，万物由道生，由德养，并按各自的规律成长和发展，道和德就像是生身养身的父母一样。

在前面的章节里，老子已经多次论述了德的性质和作用：所谓德，其原始意思就是得，后来引申为事物在发展过程中应当具备的性能、操守和品质。它在人类社会被具体界定为人性准则、行为规范等。如果人们的行为遵循大道，合乎人性准则和行为规范，就是有德，合乎的范围宽广、内涵深远，就是大德、玄德。那么人类就能很好地繁衍生息。

“是以万物莫不尊道而贵德。道之尊，德之贵，夫莫之爵而常【恒】自然。”万物之所以敬畏道和德，不是由于道的主宰或德的安排，而是万物对客观规律的遵从和运用，是自然而然的本性。恒久以来，万物顺其自然地诞生，又顺其自然地发展，并遵循自然规律而生生不息。

“道生之畜之，长之育之，亭之毒之，养之覆之。”道，催生万物，德，抚育万物，万物得以生长、繁育、发挥功能，最后走向死亡和另一个生长发育的过程，这都源于道生和德畜。同时，“生而不有，为而不恃，长而不宰。是谓玄德。”大道生成了万物，但是不把万物据为已有；德抚育了万物，也不自恃有功；道引导万物，不强加干涉，不以万物的主宰者自居。大道深厚无私，无我无他，无功无过，是人类行事的楷模。大道遵循自然，无欲无求，任何付出都不希望得到回报，更是人类的榜样。因为大道没有分别之心、得失之念，自然也就没有付出和回报的分别。

大道付出无回报，它不会感到烦恼和怨恨。但人类却往往不同，有的人一旦付出多于回报，或是欲望得不到满足，他就会感到愤恨，个别人甚至还会做出极端的事情来。若这样，不但伤害了自己，也会伤害到别人；若这样，就叫不道。因此，当我们的付出和回报不能画等号时，就一定要冷静地看待得与失，不要因为得不到足够的回报而心生怨恨，这也是玄德在人类社会的一种表现。

第五十二章

天下有始[1]，以为天下母[2]。既得其母，以知其子[3]；既知其子，复守其母，没身不殆。塞其兑，闭其门[4]，终身不勤[5]。开其兑，济其事[6]，终身不救。见小曰明，守柔曰强[7]。用其光，复归其明[8]，无遗身殃[9]，是为袭常[10]。

注释

[1] 始：本始，此处指“道”。
[2] 母：根源，此处指“道”。
[3] 子：派生物，指由“母”所产生的万物。
[4] 塞其兑，闭其门：兑，在八卦中为泽，代表水聚集的地方，在这里指欲望之海，欲望源自人体肌肤、口、舌、眼、鼻等有欲念的器官；门，指门径、通道。
[5] 勤：一般作“觐”解，“觐”是“见”的意思，意为体现、彰显。
[6] 开其兑，济其事：放任欲海的意念，满足欲念的各项需求。

[7] 强：强健，自强不息。
[8] 用其光，复归其明：光，向外照射，明，向内透亮。发光体本身为“明”，照向外物为“光”。“光”引申为作用。
[9] 无遗身殃：不给自己带来麻烦和灾祸。
[10] 袭常：袭承常道。

【老子说】

天下的万事万物都有一个开始或根源，我们称这个根源为“母”。人们若找到了根源，就能认识到由这个根源化生的万事万物。既然认识到了事物皆有根源，处理任何困难和问题，就都要从根源入手，从根本上解决问题。根本问题解决了，终身都不会有什么后患或危险。

一个人堵塞住欲海的出入口，关闭欲念的通道，终身保持自然状态，就不会产生为私为欲的念想。如果放任欲海的意念，满足欲念的各项要求，终身都会有得不到满足的烦恼而不可救药。所以，人们能够察觉到自身欲念的细微变化叫作“明”；能够坚守自身不欲的底线，防微杜渐，叫作“强”。充分任用大道赐予的能量，发挥应有的作用，从点滴做起，“塞兑”“闭门”，人生就不会有什么后悔和后患。这是践行大道的正常表现。

【品 读】

老子认为，天下的任何事物都有起因。所以，他把这个起因比作化生万事万物的母亲。世间任何事物和现象都是这个母亲的“孩子”。比如一个人的世界观、人生观和价值观，人与人之间有很大的差别，有的与道相吻合，有的与道相悖离。人们应当怎样才能树立与道吻合的“三观”呢？老子的答案是：

“塞其兑，闭其门，终身不勤。开其兑，济其事，终身不救。”“兑”在《易经》的八卦里是“泽”，为有水的沼泽地。在该文中泛指人们的欲望之海。欲望源自人体肌肤、口、舌、眼、鼻等有欲念的器官。塞兑就是要堵塞通往欲海的各种意念通道。“勤”，一般当作“觐”解，“觐”是“见”，即体现的意思。因此，这句话可理解为，一个人控制住自身的感官欲望，不追求个人的感官刺激，终身保持自然的本真状态，就不会有私念私欲的任何表现，其“三观”自然与大道相吻合。否则，将终身都不可能回到自然的本真状态。为什么呢？

在第十二章中，老子曾提到过“五色”、“五味”和“五音”，并指出它们对人身的危害，这种危害表现为可以直接导致人们目盲、口爽、耳聋。既然五色、五味、五音太过会危害人身，那么我们为什么还要极力追求它们呢？在老子看来，这是由人类的本性决定的。人，生而具有各种欲念，有欲念就会有与别人发生争夺的可能。所以，老子在《道德经》中多次阐明人们应当克制欲念。而“塞其兑，闭其门”，便是克制欲念的具体措施。克制的目的在于防范外物所带来的种种诱惑与危害。因此，老子要求人们截断五色、五味、五音等欲念。文中的堵塞不是不吃、不喝、不看、不听，而是要管控住通往人们欲望之海的意念通道，不让它扩张扩大。如果放任欲望的意念通道扩张扩大，人们就容易在各种欲念的引领下，欲壑难填，不知饱足，贪得无厌，偏离自然的本真状态，就自然会受到大道的惩罚，而“终身不救”。所以，“见小曰明，守柔曰强”。一个人能够察觉到自身欲念的细微变化，叫作“明”；能够坚守修身循道的不欲底线，从细小的事情做起，防范欲念的膨胀，叫作“强”。“用其光，复归其明，无遗身殃，是为袭常。”一个人生活在大道母亲的怀抱中，运用大道赐予的能量，察觉到自身欲念的细微变化，自动恢复到无欲状态，就能充分发挥其“塞兑”“闭门”的功能，就不会有什么后悔和后患。这便是践行大道的正常表现。

当今社会，我们生活的时代与老子不同，但人性是相同的，即人人都有欲望，而且人人都难以克制自己的欲望。在本章，老子站在历史长河中高瞻远瞩，客观地分析了人的本性，这对我们来说依然具有非常重要的意义。

第五十三章

使我[1]介然有知[2]，行于大道，唯施[3]是畏。大道甚夷[4]，而人[5]好径[6]。朝甚除[7]，田甚芜，仓甚虚，服文采，带利剑，厌饮食[8]，财货有余，是谓盗夸[9]。非道也哉！

注释

[1] 我：指有道的圣人。老子在这里也托言自己。
[2] 介然有知：介，微小。微有所知，稍有知识。
[3] 施：施展；使用。
[4] 夷：平坦。
[5] 人：指人们。
[6] 径：捷径。
[7] 朝甚除：懒得处理朝政，应该做好的工作没有做好，甚至朝纲败坏。
[8] 厌饮食：厌，饱足、满足、足够。饱得不愿再吃。
[9] 盗夸：指盗魁，即强盗头子。

【老子说】

假如我对道稍微有些认知，最担心害怕的是怎样去践行道。成就人生的途径，宽广无限，开阔平坦。但总有人喜欢走捷径、走邪径。比如那些背道而驰的统治者，贪图享受，不理政事，导致朝政腐败，农田荒芜，仓库空虚。而统治者却穿着锦绣般的衣服，佩戴着锋利的宝剑，饱餐精美的饮食。他们搜刮来的各类生活物资还有剩余。这是典型的强盗做派，不是践行大道的行为啊！

【品 读】

人生，要经过多少努力奋斗，才能成就一番事业。经商、从政、科研、技艺，无不是通往成功的大道。“大道甚夷”，条条大道都非常宽广。在这些大道上应当怎样去做才算是合乎大道？老子从不合大道的捷径、邪径说起，比如那时的一些统治者，不走正道走邪径，违背治理国家的大道。他们劳民伤财，把宫殿修得富丽堂皇，自己却懒得处理朝政，导致农田荒芜、仓库空虚，老百姓民不聊生。而统治者却穿着漂亮的衣服以显示自己的尊贵，佩带着锋利的宝剑以夸耀自己的强悍，饱餐美味佳肴，霸占大量财货，活脱脱就是一个强盗头子。

行大道和走邪径的差别，还具有更为普遍的意义。可以说，一个人无论做任何事情，都存在一个走大道还是走邪径的差别。

在《道德经》中，老子反复告诫人们无论做人还是做事都要遵循道，即走平坦的大道、正道。其具体的表现便是从小事做起，从点滴做起，清心寡欲，凡事都顺应事物的本性和规律，不强行妄为。也就是说，在政治上遵守国家法令和世俗道德；在生活上诚实守信，仁爱孝亲；在处事上公道正派，实事求是，久久为功。如果相反，放纵自己的欲望，好大喜功，或对财富、名誉、权力等贪婪地追求，恃强凌弱，使用计谋追逐名利，违背道德，违法犯罪等，那便是走在了邪径上。

现实生活中，任何人都会有偏离大道的动机。其原因是守道而行平淡无奇，不刺激，没激情，如果通过冒险，另辟蹊径，巧取豪夺，就能更快地实现自己的人生欲望。因此，总有一部分人玩心计、耍小聪明，凡事只想投机取巧走捷径，弄虚作假走邪径，结果轻则搬起石头砸自己的脚，重则大祸临头、贻害终身。

所以，老子说，大道是多么的平坦啊，为何要去走那些前途未卜、崎岖不平的捷径和邪径呢？至此，我们就不难体会老子所说的，假如我对道稍微有些认知，最担心害怕的是怎样去践行道啊！

第五十四章

善建者不拔，善抱[1]者不脱，子孙以其祭祀不辍[2]。修之身，其德乃真；修之家，其德乃余；修之乡，其德乃长[3]；修之邦，其德乃丰；修之天下，其德乃普。以身观身，以家观家，以乡观乡，以邦观邦，以天下观天下。吾何以知天下之然哉？以此。

注释

［1］抱：抱住、固定、牢固。

［2］子孙以其祭祀不辍：子子孙孙都能够遵守“善建”“善抱”的道理，世代相传，不会终止。辍，停止、断绝、终止。

［3］长：尊崇。

【老子说】

一个树立正确理想信念和人生观的人，其理想信念和人生观是不会改变的，一个能坚持正确理想信念和人生观的人，其处世原则是不会放弃的。而且他的子子孙孙都会纪念和敬仰他，把他的理想信念坚持下去。正确的理想信念和人生观实践在一个人的身上，这个人的道德就真实纯正；正确的理想信念和人生观实践在一个家庭，这个家庭的道德就丰盈有余；正确的理想信念和人生观实践在一个乡，这个乡的道德就受到尊崇；正确的理想信念和人生观实践在一个邦，这个邦的道德就丰硕伟大；正确的理想信念和人生观实践在普天之下，天下的道德就广泛普及。所以，以一个人的修身理念去观察一个人，以一个家的治家理念去观察一个家，以一个乡的治乡理念去观察一个乡，以一个邦国的治国理念去观察一个邦国，以安定天下的理念去观察所处的天下，自然知道其兴衰优劣。我怎么知道天下的情况会是这样呢？就是运用以上的方法和道理。

【品 读】

“善建者不拔，善抱者不脱，子孙以其祭祀不辍。”“建”有创立、建立、树立之意。“建”和“抱”的内容相同，指符合大道的“无欲”“无为”“清静”“若水”等理想信念和人生观、价值观、世界观。“善建者”，指善于建立伟大理想，树立正确的人生观念，或者创建家规族训、党纪国法的人。其所建的内容合乎道。“不拔”意为不动摇，即善建者的初衷不会动摇，其所创建的规矩也不会改变。“抱”有抱定、固定、坚持的意思。“善抱”是对于前人或自己所认定的正确思想、优秀品德、优良作风、治国理念善于坚持，甚至发扬光大。其后世子孙也会永远怀念他、敬仰他（祭祀不辍），并继承和发扬其优良传统。比如以毛泽东同志为代表的第一代中国共产党人，他们的思想抱负、建党宗旨、立国理念、人生观、价值观、道德观等，就是为国家谋独立、为民族谋解放，全心全意为人民服务。因此，一百年来，无数抱定这个理想信念的人，前赴后继，代代相传，他们的共同理想，在一步一步地逐渐实现，并得到不断发扬光大。

“修之身，其德乃真；修之家，其德乃余；修之乡，其德乃长；修之邦，其德乃丰；修之天下，其德乃普。”“修”意为修炼、实践、应用，即把正确思想、优秀品德、优良作风、规章制度等，实践在个人生活和社会工作的各个领域。文中“之”，代指“不拔”“不脱”的内容。“余”指富余，“长”即久远的意思，“丰”即丰满。这段话说的是：遵循道的理念：修身，则这个人会变得纯朴真厚；治家，则这个家庭会变得富有温馨；与乡邻相处，则乡邻之间能亲密和睦，长久安宁；治理国家，则这个国家就能崇尚道德，兴旺发达；治理天下，则天下百姓都会自由安详，过上幸福的生活。

同时，老子认为，天下所有事物的道理都是一样的，小中见大，从一身可以推知一家，从一家可以推知一乡，从一乡可推知全国、全天下。

第五十五章

含德之厚，比于赤子[1]。蜂虿[2]虺[3]蛇不螫[4]，攫鸟[5]猛兽不搏[6]。骨弱筋柔而握固[7]。未知牝牡之合而朘作[8]，精之至也。终日号而不嗄[9]，和之至也。和曰常[10]，知和曰明，益生[11]曰祥[12]，心使气曰强[13]。物壮[14]则老，谓之不道，不道早已。

注释

[1] 赤子：初生的婴孩。

[2] 虿（chài）：蝎子一类的毒虫。

[3] 虺（huǐ）：传说中的一种毒蛇。

[4] 螫：意为毒虫用尾端刺人。

[5] 攫鸟：用脚爪抓取食物的鸟，例如鹰隼一类的鸟。

[6] 搏：用搜索的方式捕捉。

[7] 握固：拳头紧握。
[8] 朘作：婴孩的生殖器勃起。朘（zuī），男性的外生殖器。
[9] 嗄：嗓音嘶哑。
[10] 和曰常：和，指阴阳二气合和的状态。常，指事物运作的规律。
[11] 益生：自然状态下加倍的养生或纵欲。益，更加。
[12] 祥：吉凶预兆，如灾祥。这里是不祥的意思。
[13] 强：逞强，勉为其难。
[14] 壮：强壮。

【老子说】

道德涵养浑厚的人，好比那初生的婴儿。不怕毒虫螫他，不怕恶鸟猛兽伤害他。婴儿的筋骨柔弱，但拳头却握得牢固，不知男女交合之事，其生殖器却经常勃起，这是因为他精血充沛。他整天啼哭，但嗓子却不会沙哑，这是因为他营气醇和。醇和的道理叫作“常”，知道“和”的道理叫作“明”。过分的养生或纵欲都会带来危险，凭欲念主使精气叫作逞强。任何事物有生有长、有盛有衰、有发展规律。过于强盛就会更快地走向衰老，因为它违背客观规律，不合乎道，不合乎道就会过早地灭亡。

【品 读】

“含德之厚，比于赤子。”在人生的征途上，识道、守道、践行道，则这个人可谓蕴含了深厚的道德素养，就像那刚刚诞生的婴儿。初生的婴儿不知道自己是谁，他除了满足本能的需求之外，不知道自己需要什么，所以他没有贪念，没有欲望，也没有害怕，更没有忧虑。在第三十三章中，老子曾说“知足者富”，婴儿的状态算是最富有的状态。但要想达到婴儿的状态，绝不是一件容易的事。一般说来，成人是难以到达这个状态的，唯有含德之厚的人才能像婴儿那样无欲无求，心无杂念，无所畏惧。

“蜂虿虺蛇不螫，攫鸟猛兽不搏。”即不害怕蜂、蝎、毒蛇之类的动物咬他、螫他，不害怕凶恶的猛禽猛兽抓捕他、伤害他。正如苏辙《老子解》所说：“人之所以至于有形者，由其有心也。故有心而后有形，有形而后有敌，敌立而伤之者至矣。无心之人，物无与敌者，而曷由伤之？夫赤子所以至此者，唯无心也。”

“骨弱筋柔而握固。”他的小手虽然很柔软，但非常有劲，攥东西的时候手握得十分牢固，难以掰开。“未知牝牡之合而朘作，精之至也。”他虽然不知道男女交合之事，但小生殖器却勃起有力，这是他充满生命活力的表现。“终日号而不嗄，和之至也。”成人多讲几句话就会口干舌燥、声音沙哑，而婴儿即便是高声哭喊也不会口干舌燥、声音沙哑，因为婴儿的生命力十分强大。初生的婴儿之所以生命力强大，因为他还处在无主观意识的无欲无为状态。这种状态虽然看起来不够强大，却是生命力非常旺盛的标志，是身体里中和之气非常充足的象征。老子称这种状态为理想的生存状态。但是，人总是要不断成长的，不可能永远停留在赤子状态，这是无法改变的客观规律。人们一旦踏入社会，就与各色人等交往，那无欲无求的赤子状态就不可能完全保持。尽管修道的人渴望保持，但是为了生存，有时也不得不抛弃自然无为的生存方式。任何人都有与生俱来的欲望和私念。如果我们不克制自己的欲望和私念，就会变得骄纵、贪婪起来，而缺少赤子状态的和气。只有潜心修炼大道，一心使自己的行为合乎大道的人，才能逐步接近自然无为的赤子状态。

“和曰常，知和曰明，益生曰祥，心使气曰强。”“和”指阴阳调和。人的身体，阴阳调和才能健康。阴盛则生寒疾，阳盛必生热病。“常”即人类天性的全部自然规律。“益生”有两个意思，一是为了延长生命而过分进食、进补，二是为满足生理欲望而纵欲、纵情。“祥”是吉凶预兆的意思，这里为灾祥、不祥的早期征兆。“气”，人体的气有两种，一是自然的呼吸之气，一是受精神意识支配的人体能量之气。“心使气”，即在特殊情况下，精神意识支配人体的能量发挥超乎寻常的作用。这种作用的目的，有时是自救，有时是逞强。但都是强的表现。

“物壮则老，谓之不道，不道早已。” 事物过分强壮一定会走向衰老，那种违反常规的“益生”和“使气”，是不遵循道的行为，违反了道的法则。违反了道的法则，就会加速衰老或死亡。也就是物极必反。任何事物发展到极致都会朝着相反的方向转化。比如人类从出生到死亡的过程，便是最有力的证明：人在赤子阶段，什么都不知道，所以也就无欲无求，正因为无欲无求，不会伤害到任何事物，所以也就不会惧怕任何事物的伤害，从而处于绝对的安全感之中。但是，随着年龄的不断增长，人们逐渐有了自己的思想和意识，于是产生了七情六欲，开始变得自私、贪婪甚至纵欲。如果不对此加以节制，就是有违大道，就会导致人们过早地衰亡。同样的道理，这种违反道的现象无论发生在身体、家庭、企业还是社会政治生活上，其结果都是一样的：不遵循道的理念、不践行道的法则，都会过早地走向衰亡。

所以，人们做任何事情，都要循道而行，遵循客观规律，把握好一个度，做到适可而止。倘若逞强好胜、竭泽而渔、拔苗助长，就会事与愿违，走向事物的反面。

第五十六章

知者不言，言者不知[1]。塞其兑，闭其门[2]，挫其锐，解其纷，和其光，同其尘[3]，是谓玄同[4]。故不可得而亲，亦不可得而疏；不可得而利，亦不可得而害；不可得而贵，亦不可得而贱。故为天下贵。

注释

[1] 知者不言，言者不知：知道的人不说，爱说的人不知道。

[2] 塞其兑，闭其门：塞堵嗜欲的孔窍，关闭嗜欲的门径。

[3] 挫其锐，解其纷，和其光，同其尘：意为挫去其锐气，解除其纷扰，平和其光耀，混同其尘埃。

[4] 玄同：玄妙齐同，此处也是指“道”。

【老子说】

识道的智者，懂得万物变化无穷、无常是大道的必然，道的本质是不可能描述清楚的。而说长论短、夸夸其谈的人，不懂得道是万物变化无穷的根源，不懂得不可能将道描述清楚。面对新鲜事物，要截断来自已有知识的认知和主观意识的通道。用心感受事物的特征，梳理事物纷繁复杂的现象，追踪事物由此及彼的变化过程，找到事物的本质，是一门深奥的学问，是在探寻道的真谛，这叫作“玄同”。达到“玄同”境界的人，才能觉悟到不同事物之道。同时，不能因为有了这点觉悟就去亲近道、疏远道、操纵道、妨害道，不能因为有了这点觉悟而自感高人一筹，也不能因为只有这点觉悟而自惭形秽。因此，一个人的修道境界若能达到这个高度，自然会得到天下人的推崇。

【品 读】

“知者不言，言者不知。”老子在这里向人们展示了一个智者、识道者的形象。真正的智者不会夸夸其谈地描述道，他们经常会保持缄默，用心体会和感受，站在低处仰视外人外物、警醒自己，表现出谦逊随和的品格。而那些夸夸其谈、口无遮拦的人，要么就不懂得什么是道，要么就不懂得道是不可能准确描述的。怎样才能达到悟道的智者境界？

“塞其兑，闭其门，挫其锐，解其纷，和其光，同其尘，是谓玄同。”这里的“塞其兑，闭其门”与第五十二章“塞其兑，闭其门”既有相同之处，又有不同之处。“挫其锐”，即逐渐消磨自己思想认识上的那些主观意识和偏见；“解其纷”，即从纷繁复杂的事物中由小到大，由表及里，由个别到普遍、现在到过去仔细分辨事物的本质；“和其光”，即充分认识并尊重事物的闪光点，包括其必然性和偶然性、共同点和不同点；“同其尘”，循着事物发展的轨迹，用心探寻其所经历的路径。一个人面对纷繁复杂的事物，若能从以上六个方面去认真实践，其修为与大道的要求和法则就基本相同了。可以称得上“玄同”，也就是说在很大程度上与大道相吻合。

现实生活中，人们经常有这样的疑惑：有时因为一件事情而感到纠结甚至痛苦，心情郁闷，就像遇到一团乱麻，无论怎样也解不开，导致当事人坐立难安、惶惑难耐，甚至痛不欲生。只要用老子告诉我们的“塞其兑，闭其门、挫其锐，解其纷、和其光，同其尘”的方法，尽量与道“玄同”，就会认识到，一切偶然都是必然，任何意外都是大道发挥作用的结果。还有什么解不开的结？还有什么过不了的坎？

“故不可得而亲，亦不可得而疏；不可得而利，亦不可得而害；不可得而贵，亦不可得而贱。故为天下贵。”“得”为心有所得的意思。也就是在识道、守道、循道的过程中，有了一点心得体会或者觉悟。结尾的“贵”，有推崇、尊重的意思。这段话是说，如果一个人在修道的方面有一点心得体会或觉悟，不要“有为”而与大道亲近，不要“有为”而与大道疏远，不要“有为”而去利用道，也不要“有为”而去妨害道，不要“有为”而去彰显摆阔，也不要“有为”而去作践自己。所以，只有这样坦然面对大道的人，才能受到天下人的推崇和尊重。

第五十七章

以正[1]治国，以奇[2]用兵，以无事取天下[3]。吾何以知其然哉？天下多忌讳[4]，而民弥叛；人[5]多利器[6]，国家滋昏；人多知[7]而奇物[8]滋起；法令滋彰，盗贼多有。是以圣人之言曰：“我无为，而民自化[9]；我好静，而民自正；我无事，而民自富；我无欲，而民自朴。”

注释

[1] 正：正气、正道、正能量，光明正大。
[2] 奇：隐匿、欺骗、使技巧，阴谋诡计。
[3] 取天下：治理天下。
[4] 忌讳：禁忌、避讳。
[5] 人：一本作“民”，一本作“朝”。
[6] 利器：锐利的武器。
[7] 人多知：人们的智巧很多。
[8] 奇物：邪事、奇事。

[9] 我无为，而民自化：我无为而人民就自然顺化了。自化，自我化育。

【老子说】

以大公无私、清静无为、光明正大的法则去治理国家，以计巧、欺骗、诡诈、迷惑对方的方法去和敌人打仗，不随意发号施令、不指手画脚就能取得天下人的信任。我怎么知道会这样呢？根据就在于：一个社会的禁忌越多，老百姓就反叛得越严害；人民需要用锐利武器自卫，国家就已经陷于混乱；人民思想不统一，人人只为各自算计，弄虚作假等歪风邪气就已经盛行；法令不停地发布，各种违法现象就已经在不断地蔓延。所以循道守道的圣人说：“我没有个人的欲望，无以己为，大公无私，人民就自我化育；我只要做好自己，不频繁地训示，社会风气就自然端正；我不颐指气使，要老百姓做这做那，人民就自然富足；我不为所欲为，社会风气就自然淳朴。”

【品 读】

“以正治国”，“正”指正气，即光明正大的法律、法规、政策之类。老子曾为周“守藏室之史”，有机会接近最高统治者，他通过对统治者的认真观察，对他们的德行作了深刻剖析，才提出“以正治国”的建议。这一建议在今天看来仍有重要的现实意义。“正”在中国传统文化中有着独特的内涵。中国人崇尚浩然正气，认为正气具有无穷无尽的能量，如文天祥的《正气歌》。中国历代统治者中有很多人以“正大光明”作为自己的行为准则。这里的“正”自然也有正气和清正无为的意思。然而，老子所处春秋末期，社会状况距离正大光明较遥远，百姓遭受着统治者的压迫，经常饱受战乱的祸害。老子呼吁统治者以正治国，应是那个时代人民群众的共同心愿。

“以奇用兵。”老子向来讨厌战争，但战争是不可避免的。针对当时的现实，老子设计出了“以奇用兵”的计谋，为弱者和正义的统治者提供借鉴。“以奇用兵”的意思是：在战争中，应该采用非常规的战术，用奇法、奇谋、奇计和诡诈的方式去迷惑对方，从而达到出奇制胜的效果。由此可知，“以正治国”和“以奇用兵”的思想，应是老子站在民众的立场上，伸张正义，对当时的统治者提出来的。春秋末期，兼并战争此起彼伏，社会秩序异常混乱，老百姓处在极度危险的环境之中，不得不拿起武器来保护自己。然而，当每个人都拥有了武器，人们就更加感觉不到安全。人民没有安全感就会陷入恐慌，这种心理是导致天下大乱的主要原因。天下之所以不安定，与统治者的私欲膨胀密切相关。但是，当时的统治者为了安定天下、震慑人民，大都主张施以严刑峻法。老子对此很不认可，甚至还公开反对这种滥用国家机器的行为。在老子看来，严酷的刑罚不但无法安定人心、稳定社会，而且还会起到相反的作用。

“天下多忌讳，而民弥叛；人多利器，国家滋昏；人多知而奇物滋起；法令滋彰，盗贼多有。”在这段话中，老子梳理了一系列社会现象，这是他对国计民生的具体思考，其中也包含了他对社会现状的忧虑。老子认为，人民的本性是善良的，不到万不得已，他们绝不会惹是生非。人民之所以造反、发动暴乱，主要是因为统治者“有为”，甚至推行暴虐的统治。统治者越贪婪，天下的禁忌就会越多；天下的禁忌越多，民众的反叛就会越厉害；为了在争执中不败，民众就会自备武器，武器越多，社会就越发陷入混乱的状态；国家混乱，民众为自保的技巧心智就会越来越多，歪风邪气就会越来越盛行；为了打压歪风邪气，法令条文就会越来越森严，盗贼和各种社会乱象也就表现得更加猖獗。可见，社会的种种乱象，都是统治者为满足私欲，“有为”而逼出来的。

“是以圣人之言曰：我无为，而民自化；我好静，而民自正；我无事，而民自富；我无欲，而民自朴。”老子借用圣人的话，重申自己的观点：我无私欲，无以己为，不胡作非为，就会像春风化雨那样，老百姓安享太平；我守静而不为所欲为，民风自然淳朴，社会风气正派；我不指手画脚，要求老百姓做这做那，人民自然富足；我不放纵自己的欲望，老百姓自然朴实无争。所以，只要统治者以无欲、无为的“正”来治理天下，社会风气就自然淳朴，国家就能长治久安。

第五十八章

其政闷闷[1]，其民淳淳[2]；其政察察[3]，其民缺缺[4]。祸兮，福之所倚；福兮，祸之所伏。孰知其极：其无正也[5]。正复为奇，善复为妖[6]。人之迷也，其日固久矣[7]。是以圣人方而不割[8]，廉而不刿[9]，直而不肆[10]，光而不耀[11]。

注释

[1] 闷闷：昏昏昧昧的状态，无心改变的样子，有宽厚的意思。

[2] 淳淳：“淳”通“纯”。纯粹、淳朴、厚道的意思。

[3] 察察：条分缕析的状态，有严厉苛刻、刻意改变的意思（改变现有的文化制度等）。

[4] 缺缺：小聪明。有拒绝、抱怨、不满意之意。

[5] 其无正也：它们并没有确定的标准。正，标准、确定。

[6] 正复为奇，善复为妖：正的变成邪的，善的变成恶的。正，方正、端正。奇，反常、邪。善，善良。妖，邪恶。

[7] 人之迷也，其日固久矣：长期以来，看不到祸福因缘生灭、互为相生的道理。迷，迷茫、困惑。

[8] 方而不割：既坚持原则，又能和平共处。割，生硬、不自然。

[9] 廉而不刿：锐利而不伤害人（律令清晰，赏罚分明）。廉，锐利。刿，割伤。

[10] 直而不肆：直率而不肆虐，即不伤害无辜。

[11] 光而不耀：光亮而不刺眼。

【老子说】

政治宽厚清明，人民就淳朴忠诚；政治严厉苛刻，人民就反感、抱怨、心生诡诈。灾祸啊，福祉依傍在它的里面；福祉啊，灾祸藏伏在其中。是福还是祸，怎能知晓？二者没有明确的界线。正忽然转变为邪，善忽然转变为恶。长期以来，人们看不懂祸福因缘生灭、互为相生的道理。因此，有道的圣人，处事从大局着想：既能坚持原则，又能与各色人等和平共处；既棱角分明，又不锋利伤人；既大胆直率，又不鲁莽肆虐；既光明正大、正气凛然，又不咄咄逼人、令人难受。

【品 读】

“其政闷闷，其民淳淳。”“闷闷”，昏昏昧昧的状态，无心改变的样子，有宽厚、自然、淳朴的意思，也有继承和尊重传统文化、规章制度的意思。这句话告诉人们，如果统治者能够施行无为而治的治国方略，老百姓就生活在自然淳朴的状态之中，就不会惹是生非，国家也就太平安定。与此相反，“其政察察，其民缺缺”。“察察”是条分缕析的状态，指统治者有一意改变现有文化、传统、制度等方面的严厉苛刻的行动。“缺缺”，施行骗术，耍小聪明，有拒绝、抱怨、不满而施行骗术的意思。如果统治者不尊重原有的相关制度和法令，推行老百姓反感的苛刻法律、政令和管理措施，人民必然会因不满而采取相应的对抗手段、反制行动，社会就会发生动乱。

所以，老子提出了一个伟大的哲学命题：“祸兮，福之所倚；福兮，祸之所伏。”这句话的意思是，灾难和幸福是相依相随的，谁也不能脱离对方而独立存在。也就是说，任何幸福的背后都潜伏着灾祸，但是灾祸并不是永远的，灾祸的反面就是幸福。正如《易经》八卦的“否极泰来”，正如“塞翁失马，焉知非福”的典故。（一个老者失马复得，人们纷纷前来道贺，但是他并不认为这是好事。后来他的儿子从马背上摔下来，人们纷纷前来安慰，但是他也不认为这是坏事。所以并不感到悲伤。几天之后，官府前来征兵，他的儿子因摔伤而没有被征走。）可见，祸福没有绝对的界限。一个人为祸福而快乐或悲伤，极不明智，也没必要。所以，对于灾难和幸福，我们要坦然面对，做到“不以物喜，不以己悲”，“泰山崩于前而色不变，麋鹿兴于左而目不瞬”。

老子所处的时代，战乱频繁，人民在战乱之中苟且活命，时刻都在担心灾祸的降临。人民的幸和不幸与社会变迁密切相关。在原始社会，人们生活安定，天下大治。后来，人们产生了私有观念,社会出现等级差别。便开始有压迫、有奴役、有剥削。正是这些社会现象开发了人们的心智，人们开始利用自己的聪明才智制造出各式各样的新奇物件。社会进步了，人们的思想复杂了，与道不符的行为就出现了。人的行为由本能的行动转变为由思想决定的有意识行为。由于一些人的私欲极度膨胀，不但热衷于名利的争夺，还直接占有他人的财物。同时，人们占有的财物也时刻面临着被人夺走的危险，所以，“祸兮，福之所倚；福兮，祸之所伏”。“孰知其极？其无正也。”怎么知道它是最好或者最坏呢？这个东西没有标准啊。“人之迷也，其日固久矣。是以圣人方而不割，廉而不刿，直而不肆，光而不耀。”可惜，长期以来，人们没有一个正确的认识，看不到祸福因缘生灭、互为相生的道理。因此，那些能循道守道的圣人，遇事从全局出发，为大众考虑，不考虑局部、不照顾小部分人的利益，与各式各样的人和平共处。所推行的律令，清晰明了，对相关人等有可能会祸福相邻，但有理有据而不就事论事，赏罚分明而不伤及无辜，光明正大又不咄咄逼人，老百姓都不会憎恨和讨厌。如果统治者都能像守道循道的圣人那样，无我无欲，光明正大施政，依法依规治国，社会又怎么会不太平呢？

第五十九章

治人事天[1]，莫若啬[2]。夫唯啬，是以早服[3]；早服谓之重积德[4]；重积德则无不克；无不克则莫知其极；莫知其极，可以有国；有国之母[5]，可以长久。是谓深根固柢、长生久视[6]之道。

注释

[1] 治人事天：治人，处理人与人的关系；事天，处理人与自然的关系。

[2] 啬：尊重、爱惜、珍惜、保护。

[3] 服：适应、实行、从事、服从的意思。

[4] 重积德：不断地积德。

[5] 有国之母：有国，含有保国的意思。母，根本、原则。

[6] 长生久视：长久地维持，长久存在。

【老子说】

处理人与人、人与自然的关系，没有比尊重、爱惜、珍惜、保护更为重要的了。尊重他人、爱惜人才、珍爱自然、保护环境的珍爱精神，是一个人为大展宏图早做准备；早做准备，就是不断地积德；不断地积德，就没有什么不能攻克的难关；当一个人没有克服不了的困难时，就无法估算他的能量；这种无法估算其能量的人，就可以担负治理国家的重任；以德立国，无为治国，是一个国家长治久安的根本。坚持这个根本，国家就可以长期繁荣安定。这叫作根深蒂固，符合长久生存、受后人敬仰的治国之道。

【品 读】

“治人”，意为处理人与人之间的关系，特别是统治者与被统治者之间的关系。“天”指自然的天和所处的各种环境。“事天”，即处理人与自然、人与所处的环境之间的关系。“啬”，原本是爱的意思，这里引申为尊重、爱惜、珍惜、保护的意思。他告诉人们，一个有理想有抱负的人，应怎样处理人与人、人与自然之间的关系呢？没有比尊重、爱惜、珍惜、保护的方法更好、更重要的了。为什么？

“夫唯啬，是以早服。” “早服”，意思是及早地适应和处理人与人、人与自然的关系。一个人从小就有践行尊重他人、关心他人的理念，懂得顺应天时、地利处事，他就是一个顺应自然之道的人。顺应自然之道者，才能服从自然之道，才能做到施惠于人，才能做到无为而治。因此，“早服谓之重积德”。“重”，有注重、累加的意思。“德”，指道所彰显的能量，这里也指一个人的德行。一个人的德行，突出表现在两个方面：一是对待他人，二是对待所处的环境（事天）。一个人及早地适应并正确处理这两方面的关系，就是积累他的德行。积累这种德行所能达到的境界是“无不克”，“无不克”意为无所不胜，能战胜一切。能做到尊重他人、关心他人，尊重自然规律，珍爱环境、保护环境的人，可谓德高望重。不管面临什么困难、矛盾或问题，他都无所畏惧、无所不克，也就是有一种战无不胜的气概。一个具有这种气概的人，很难预测他发展到什么巅峰。统管一个县、一个省、一个国家，或者治理全世界，都有可能。为什么？“有国之母”。“母”这里喻指生育万物的大道能量，包括各种促成事物发展的根本，“有国之母”可以理解为具有管理国家、统治邦域的能力和能量。有了这个能量，自然“可以长久”。因为，其德行积累的时间长，积累的范围广，积累的根基厚，这是他可以长期管治一方的必要条件。

第六十章

治大国，若烹小鲜[1]。以道莅[2]天下，其鬼不神[3]；非[4]其鬼不神；其神不伤人；非其神不伤人，圣人亦不伤人。夫[5]两不相伤，故德[6]交归焉。

注释

[1] 小鲜：小鱼。
[2] 莅：临。
[3] 其鬼不神：鬼不起作用。
[4] 非：不唯、不仅。
[5] 夫：代指鬼神和圣人的作用。
[6] 德：指自然和圣人给人民带来的恩泽作用。

【老子说】

治理大国，好像煎烹小鱼。发挥道的能量治理天下，任何看得见看不见的自然力量（鬼神）都发挥不了作用；不是自然力量不发挥作用；而是自然力量的作用不伤害人；不但自然力量的作用不伤害人，圣人的作用也不会侵害人。这样，自然力量和圣人的作用两不相伤，并同时为人民群众带来恩泽。

【品 读】

在老子看来，天地间的阴阳二气为道的能量所生，阳气称之为“神”，阴气称之为“鬼”。圣人依照道的法则来治理天下，使阴阳交融成一团和气，鬼神就不会乱起作用。所以，“治大国，若烹小鲜”。这里的“小鲜”即小鱼。小鱼骨弱肉薄，当人们烹煎小鱼的时候，最忌讳的就是不断地翻动，否则，会将小鱼煎碎。治理国家就像烹煎小鱼一样，要有所为有所不为，既要掌握火候，又要不随意翻动，还要适时适当地佐以辅料。如果统治者懈怠，或恣意妄为，都会导致国家混乱。同时，也可理解为治大国，举重若轻，小菜一碟，或小事一桩。为什么？

“以道莅天下，其鬼不神；非其鬼不神；其神不伤人；非其神不伤人，圣人亦不伤人。”“莅”有到、临、监视的意思。

前两个“神”意为发挥作用，后两个“神”意为所发挥的作用。这段话的意思是：在治理国家的过程中，遵循道的法则，发挥道无处不在、无事不理、无物不化的作用，一切鬼神都发挥不了作用。不是鬼神不发挥作用，而是鬼神的作用不会伤害人，不单是鬼神的作用不伤害人，循道的圣人“有所为有所不为”地工作，也不侵害人。这样一来，鬼神和圣人的作用汇合成正能量，都不害人而益人。国正天心顺，官清民自安。人们无忧无虑，自由自在，人与人和睦，人与自然和谐相处，一切都是那样的自然、和美、安宁、太平。这些都离不开看不见的大道能量（鬼神）和看得见的圣人之德交汇作用啊！

第六十一章

大邦[1]者，下流也，天下之牝也。天下之交也，牝恒以静胜牡。为其静也，故宜为下也。故大邦以下小邦，则取小邦；小邦以下大邦，则取于大邦。故或下以取，或下而取[2]。大邦不过欲兼畜人[3]，小邦不过欲入事人。夫两者各得所欲，则大者宜为下。

注释

[1] 邦：一本作“国”。

[2] 或下而取：下，谦下。取，取得。

[3] 兼畜人：顺便保护人民。

【老子说】

大国，就像那大江大河奔向下游，途经百川，百川无不交汇于它，又好像是雄性动物。天下的雌雄交锋，雌性动物常以谦下安静胜过雄性。因为雌性安静，所以适合处于下面。所以，大国对小国谦下礼让，就可以取得小国的信任和依赖；小国对大国谦下礼让，就可以博得大国的信任和包容。因此，或者以谦下大吃小，或者以谦让而小被大容。大国不要有统治小国的欲望，而要像保护本国一样顺便保护小国。小国不要有顺从大国的思想，可以在与大国结好的同时，仍按小国的管理方式管理自己的国家。这样，大小双方就能各遂其愿。而作为大国，以谦下并尊重和包容小国为宜。

【品 读】

春秋末期，各诸侯国的兼并战争愈演愈烈，大国试图称霸天下，小国力求保全自己，老百姓的处境苦不堪言。面对战争带来的灾难，老子痛心疾首、忍无可忍，发出了“大邦者，下流也”的箴言。这里所说的“下流”，指的是江河向下奔流，任何大江大河，越到下游吸纳的支流越多，其河越大越宽，最终流入海洋。海之所以能够包纳百川，就是因为它甘居下位、无所不包。海的作为合乎道德，所以能长存而广博。

在老子看来，大国应该像大江大河不断下流那样，谦居下位。这样，国家就能太平，人民就能安定。

“天下之交也，牝恒以静胜牡。为其静也，故宜为下也。”“牝”指雌性动物。“牡”指雄性动物。天下的动物，通常以“牡”的走动、行动、进攻等方式来完成交配繁衍。守静的雌性以不变应万变，以不动和处在下位赢得雄性的欢心。“故大邦以下小邦，则取小邦；小邦以下大邦，则取于大邦。”意思是说：大国对小国谦下礼让，就可取得小国的信任而归附大国；小国对大国谦下礼让，就可获得大国的信任和包容。因此，大国和小国的关系用海纳百川来形容是再合适不过的比喻。海是谦和的，是宽容的，是深沉的，是卑下的，是相对静止的……正是因为它具有这些特性，所以百川才会归附它、投奔它；正因为有这些特性，才成就了它的博大、宽厚和永不干涸。大国若如此，国家就能越来越强大、越来越兴盛。

“故或下以取，或下而取。大邦不过欲兼畜人，小邦不过欲入事人。”“欲”是欲望、欲求的意思。“畜”是统治、管辖的意思。在老子的晚年，大国和小国并存的割据时代行将落幕。西周时期的几百个诸侯国，到了这个时候只剩下几十个，许多小国在大国的威逼下已经沦为附庸。这些小国尽管保存下来，但是处境极为艰难。它们既要向大国纳贡，又要分担大国的重大建设任务，还要在很多方面受大国的约束和管制。针对这种社会现状，老子恳切地指出，大国不要有太多欲望，顺便管理一下就可以了；小国不要抱太大的希望，既要遵守大国的规矩，又要按传统的方式开展各自的工作，正确处理大国与小国、小国与小国、人与人之间的各种关系。

“夫两者各得其欲，则大者宜为下。”要实现大小两类国家各遂其愿，作为大国一方以谦和、卑下的态度对待小国为好。

第六十二章

道者，万物之奥[1]。善人之宝，不善[2]人之所保。美言可以市[3]，尊行可以加人[4]。人之不善，何弃之有？故立天子，置三公[5]，虽有拱璧以先驷马[6]，不如坐进此道[7]。古之所以贵此道者何？不曰求以得[8]，有罪[9]以免邪？故为天下贵。

注释

[1] 奥：原意为房屋（或类似房屋的物件）的深处，引申为内涵、奥妙的意思。
[2] 善：善于。
[3] 美言可以市：美好的言辞，可以用于交易。
[4] 加人：给人施加影响。
[5] 三公：即太师、太傅、太保等辅助天子的官员。
[6] 拱璧以先驷马：拱璧，指双手捧着贵重的玉。驷马，四匹马驾的车。

[7] 坐进此道：向（天子）阐明这个万物之奥的道。
[8] 求以得：有所求就有所得。
[9] 罪：错误或罪过。

【老子说】

道，蕴含着万事万物变化的内在规律。善于守道、循道的人，重视它、珍惜它，不善于守道、循道的人，也离不开道的保护。美好的言辞可以用于交易，美好的行动可以凝聚人心。一个人即使不善于守道、循道，也不可能脱离道的制约。天子即位、设置三公的时候，虽然有拱璧在先、驷马在后的礼仪，还不如把这个“道”进献给他们。自古以来，那些尊重道又善于遵循道的人，是怎样的结果呢？不外乎是，求道得道。即使犯了错误，也可得到道的宽恕，不受惩罚。正因为如此，天下人才如此重视道、敬畏道、遵循道。

【品 读】

“道者，万物之奥。善人之宝，不善人之所保。”“奥”：原意为房屋（或类似房屋的物件）的深处，引申为内涵、奥妙的意思，这里可理解为内在规律。“保”，保护的意思。这句话是说，大千世界的每个人，都是“道生之，德畜之”，人人都在“德”的保护之下，但有的人“知者不言”，识道并懂得道的奥妙，把道的法则当作为人处世的法宝，老子把他称为善人；有的人“言者不知”，不识道，不懂得道的奥妙，老子把他称为不善人。不善人就只能是“道生之”，而难以接受道的保护。

“美言可以市，尊行可以加人。人之不善，何弃之有？”“市”，作交易、交换理解。“加”为增加、获得的意思。这句话是说，人的美好言词，可以受到别人的称赞，获得别人的好感，其美好善良的举动，可以凝聚人心，可以得到人们的支持，增加他做善事、好事的能量。对于那些不善于识道、守道、循道的人，他有美言善行，又有什么理由抛弃他们呢？

“故立天子，置三公，虽有拱璧以先驷马，不如坐进此道。”“拱璧”是两手捧着璧玉。“驷马”是四匹马拉的车。前面有人拱璧导引，后面乘坐四匹马拉的车，这是春秋之际帝王出行的仪仗。“三公”是中国古代朝廷设置的官职，其地位显赫，其职责重要。据《周礼》为太师、太傅、太保，据《尚书大传》《礼记》为司马、司徒、司空。“坐”意为“使……坐下”或“坐定以后”。这段话要表达的内容是，一个地方立国以后，就拥立天子，设立机构，封官雇员，讲排场出行巡游，还不如让王者坐定，为他讲述道的奥秘，促使他识道、悟道、守道、循道、敬畏道，促使他推行有所为、有所不为的无为之治。

“古之所以贵此道者何？不曰求以得，有罪以免邪？故为天下贵。”自古以来，那些尊重道的理念、珍惜大道赐予他担当大任机会的人怎么样？不外乎是求道得道，得到道的帮助；在求道的过程中，即使有做得不好不够的地方，也能避免走上邪路，免遭大道的惩罚。所以那些守道、循道、敬畏道的人，历来受到天下人的敬重和推崇。

老子在这里对第二十七章“是以圣人常善救人，故无弃人；……不贵其师，不爱其资，虽智大迷”的思想作了进一步的阐述。这在今天仍有重要的借鉴意义。人类拥有聪慧的头脑和灵活的四肢，这是我们成为高贵之人的前提条件。但高贵之人应具备谦和的道德品质，对周围的每个人应一视同仁。可是，人们又很难做到这一点。与此相反，人们常常会因某人曾有过劣迹而嫌弃他、智能相对较低而鄙视他。但守道循道的圣人不同，他对任何人都是仁慈的，对不善之人也不离不弃，加以保护。因此，我们应该学习大道，遵循大道，逐步做到与大道同步，对世间之人和物都一视同仁。

第六十三章

为无为，事无事，味无味[1]。大小多少[2]。报怨以德。图难于其易，为大于其细。天下难事，必作于易；天下大事，必作于细。是以圣人终不为大[3]，故能成其大。夫轻诺必寡信，多易必多难。是以圣人犹难之，故终无难矣。

注释

[1] 为无为，事无事，味无味：此句意为把无为当作为，把无事当作事，把无味当作味。

[2] 大小多少：为什么大，为什么小，为什么多，为什么少。也有的解释是大的看作小，小的看作大，多的看作少，少的看作多，还有一说是，去其大，取其小，去其多，取其少。

[3] 不为大：不处心积虑地去干一番大事。

【老子说】

在无我无欲无为的思想基础上，开展工作；以不违背客观规律的工作方法处理事务；把五味当作无味去体验百味。找出社会现象中大、小、多、少的原因，采取以德报怨的方式处理彼此的关系。处理艰难的问题要从容易的地方入手，实现远大的抱负要从小事、易事做起。因为天下的难事，都是从简易的地方做起，天下的大事，都是从细微处做成的。因此，有“道”的圣人不贪图一时作出重大贡献，才能做成大事。轻易作出诺言者，很少能够兑现，必然会失去信用；把事情看得太容易者，必定会遭受很多挫折，遇到很多困难。因此，有道的圣人总是对未来可能出现的问题和困难做好充分的准备，实施起来就自始至终都没有困难和问题。

【品 读】

在《道德经》中，“无为”的思想贯穿始终。但由于每一章节的侧重点不同，常常涌现出“无为”的新意来。这一章进一步阐释“无为而无不为”。世间的所有事情都是从小到大、从易到难、从个别到普遍、从简单到复杂、从个性到共性发展起来的。守道的圣人自然明白这些道理。凡事要掌握主动权，要抓住主要矛盾和矛盾的主要方面。对此，毛泽东的《矛盾论》有精辟的论述。

“为无为”的意思是说，人们做工作，一定要尊重客观规律，不要强加自己的主观意愿，为所欲为，更不要试图用主观意愿去改变事物的客观属性。“无为”不是不作为，而是适时、适地、适情、适度地为所应为、为所当为。比如春种夏生秋收冬藏，这些都是顺其自然应为的“无为”。因此，老子的无为思想，是一种自我修养的思想境界，是一种抛弃主观而顺从客观的思想境界，更是一种与大道吻合的思想境界。这种思想要求人们在实践中抓住主要矛盾，牵住牛鼻子，做到大事化小、小事化了、多事变少、少事变无。从而实现人与自然的和谐相生、人与社会的和谐共处。

“报怨以德”，面对外力给我们造成的伤害或者损害，要用德的能量去修复。比如洪水冲垮了河堤或者房屋，除了修复和重建之外，人们还能做什么？因此，就应当“图难于其易，为大于其细”。重建河堤也好，重修房屋也好，都是难事大事，如果人们及早防范，增高加固河堤、用水浸不垮的材料构筑房屋，就可以把灾害带来的损失减少到最小最少。“天下难事，必作于易；天下大事，必作于细。是以圣人终不为大，故能成其大。夫轻诺必寡信，多易必多难。”这里的“诺”意为夸夸其谈，吹牛皮、说大话、作承诺。“寡信”是说真实可信的成分很少，很难兑现，不值得信赖。因此，要达到识道、悟道、循道的圣人境界，任何工作都要从细微处入手，困难的事情要从容易处着手，久久为功。所以，识道守道循道的人，不好大喜功，不图一时做出多大贡献，即使做了重大贡献，也从不自以为了不起。因此，日积月累便干成了他的大事，成就了他的伟业。倘若把面对的工作看得太容易，就会轻视它，轻视就可能遭受更多的困难。所以，圣人处事，先抓住重点和难点，把任何事情都当作难事看待，处理起来就没有什么为难的了。可见，在社会实践中，要防患于未然。正如下一章所言，“其安易持，其未兆易谋”，当矛盾和斗争仍处于萌芽状态的时候就设法消除，并通过谨慎行事避免新的矛盾与斗争再次发生，最终就不会有什么困难。

第六十四章

其安易持，其未兆易谋；其脆易泮[1]，其微易散。为之于未有，治之于未乱。合抱之木，生于毫末[2]；九层之台，起于累土[3]；千里之行，始于足下。为者败之，执者失之[4]。是以圣人无为故无败，无执故无失。民之从事，常于几成而败之。慎终如始，则无败事。是以圣人欲不欲，不贵难得之货；学不学，复众人之所过，以辅万物之自然而不敢为[5]。

注释

[1] 其脆易泮：物品脆弱就容易消解。泮，散，解。
[2] 毫末：细小的萌芽。
[3] 累土：堆土。

[4] 为者败之，执者失之：败，损害、伤害的意思；执，执着的意思。
[5] 不敢为：不随心所欲地加以干涉。

【老子说】

事态或局面安定时容易维持，祸患或问题在没有预兆时容易防范，矛盾在不尖锐时容易化解，自然界微小的物质都容易消散。开展任何工作都要做好充分的准备，在祸患未发作之前做好预防工作和处理预案。合抱的大树，是由细小的萌芽生长而成；九层的高台，是由一块一块的土坯堆垒而就；千里的行程，从迈开第一个脚步开始。如果凭主观意愿去迅速改变，注定会造成损害；如果执着地要保持某一状态，必将失去这一状态。所以，圣人不违背客观规律而为所欲为，就不会对某一事物造成损害；不执着地要维持某一状态，顺其自然渐进地演变，就不会使局面失去控制。人们处事，常常在接近成功的时候去强加影响而造成损害。凡事在即将成功时要像开始起步时那样，小心谨慎地对待，就不会造成损害。因此，圣人成就一番事业，他不急于求成；他不看重世人都想要的东西（金钱、地位、权力）；他学习和传授人们不曾掌握的知识，统一人们的思想，矫正人们那些偏激或不合时宜的思想意识；他不随心所欲，为所欲为，而只辅助万事万物顺其自然地发展和成长。

【品读】

“其安易持，其未兆易谋。其脆易泮，其微易散。”这是老子洞察社会的感悟，也是任何事物发展变化的客观规律。第一个其，代指社会秩序、事态局面或者一个人的健康状况，“持”是保持、维持的意思。第二个其，代指动乱、危险或病患等现象，“谋”指所采取的计谋、策略、对策、措施等。第三、第四个其，代指矛盾、问题、困难、病患等，“脆”是脆弱、松脆的意思，“泮”意为化开、分开、化解、解散。“微”是微小、微弱的意思。可见老子这段话，通过事物的现象抓住了事物的本质特征。所以，要“为之于未有，治之于未乱”。在问题、灾害、病患等未发生之前，采取治理整顿措施或做好预防保健工作，诚如《黄帝内经》中《素问·四气调神大论》所言，“上工治未病”。因为，“合抱之木，生于毫末；九层之台，起于累土；千里之行，始于足下”。宇宙间任何偶然或突发事件，都必然要经过一个悠长、复杂、隐晦、潜移默化的渐进过程，不管是功亏一篑，还是水到渠成，那都是偶然中的必然。只不过人们往往注意不到罢了。

“为者败之，执者失之”，不尊重客观规律，凭个人意愿，强力而行，必然会事与愿违，以失败而告终。一心想维持现状，保持曾经所拥有的一切，无论是权力、地位、财富，还是安定的社会秩序或健康的身体状况，都将逐步失去。“为之于未有”的“为”，是无为的为，是合道的为，是为而不争的为。“为者败之”的“为”，是违背客观规律的为，是凭主观意愿的为，是有争的为，是不合道的为。“是以圣人无为故无败，无执故无失。民之从事，常于几成而败之。慎终如始，则无败事。”意思是，圣人无为，所以没有失败，圣人不刻意维持现状，就不会失去正常的发展局面。那些普通人处事，急于求成，总是把自己的意愿强加于相对的事物，眼看就要成功的事情反而失败。倘若自始至终，都守道循道，该出手时就出手，不急于求成，就会取得成功。

“是以圣人欲不欲，不贵难得之货；学不学，复众人之所过，以辅万物之自然而不敢为。”第一个“欲”表示渴望或希望得到，第二个“欲”表示所欲的内容。“复”有修复、弥补的意思。这段话说的是，圣人所希望和渴求的，是常人所不希望和渴求的东西，他从不看重那些世间稀有的金银财宝、名誉权利等身外之物。圣人不断地学习和掌握新的知识，并任用这些知识，不断地教化和改造众人的思想，从而纠正众人过去和现在不守道不循道的失误。也就是不断地改革创新，与时俱进，从而辅助世间万物能够顺其自然地发展。在整个“欲”“学”“复”的过程中，圣人都是顺其自然，顺应历史潮流，不愿也不会凭主观意愿去为所欲为。正如苏辙《老子解》所言：“人皆徇其所欲以伤物，信其所学以害理。圣人非无欲也，欲而不欲，故虽欲而不伤于物。”

第六十五章

古之为道者，非以明[1]民，将以愚[2]之。民之难治，以其智多[3]。故以智治国，国之贼[4]；不以智治国，国之福。知此两者[5]，亦稽式[6]。常知稽式，是谓玄德。玄德深矣远矣，与物反矣[7]，然后乃至大顺[8]。

注释

[1] 明：智巧心机。
[2] 愚：敦厚、朴实、善良。
[3] 智多：智慧、知识众多。
[4] 贼：伤害的意思。
[5] 两者：指上文“以智治国，国之贼；不以智治国，国之福”。
[6] 稽式：法式、法则。
[7] 与物反矣：与事物的表象相反。
[8] 大顺：特别顺利。

【老子说】

自古以来，善于守道循道的人，不是要向人民群众展现他的智巧心机，而是要展现他的淳厚朴实。人民之所以难于统治，是因为统治者玩的智巧心机太多。所以，用智巧心机治理国家，是国家的祸害；不用智巧心机治理国家，是国家的福气。懂得这两种治国方式的差别，坚持不用所谓的智巧心机，是一个根本原则。懂得并坚持这个原则，就叫“玄德”。玄德者处事，从长远考虑，从基础工作做起，循序渐进。从表面上看，有点违反常规，但顺其自然，任何事物都能顺利地走上成功之路。

【品 读】

人的智能是一把双刃剑，如果在大德的基础上用智，则顺其自然，为人类造福；如果在没有道德的基础上用智，则为所欲为，会成为天下的祸患。

“古之为道者，非以明民，将以愚之。”“为”含有学习、坚守、遵循、运用等意。“明”是愚的反义，意含要聪明、施计巧、玩谋略等。“愚”则有淳朴、厚道、耿直、率真的意思。老子说，自古以来，那些善于识道守道循道的人，把统领的地方管理得井井有条、安泰祥和，不是依靠他的聪明才智忽悠民众、盘剥百姓，而是他能以诚待人、光明正大、实事求是、有所为有所不为。这里的愚，是统治者的“愚政”，是大智若愚的愚。

“民之难治，以其智多。”“其”，代指统治者。社会不安宁，老百姓闹事、造反，难以管治，或者是社会矛盾层出不穷，其原因在统治者。统治者不遵守道的法则，凭主观意愿和聪明计巧管理社会，甚至忽悠民众、欺诈百姓、为所欲为，老百姓自然会不满、滋事和反抗。

“故以智治国，国之贼；不以智治国，国之福。”“贼”指的是致使天下大乱的祸患或灾难。这种祸患和灾难，因统治者的“智”，把人类社会化育成了格斗所、狩猎场，致使一些人为社会地位和个人利益互相争夺，尔虞我诈，无所不用其极，从而给社会带来灾难。反之，便是人民的福音，是国家的福报。

“知此两者，亦稽式。常知稽式，是谓玄德。”“稽”有留止、停留、查核的意思，“稽式”可理解为式样、模样、模式、法则、原则或标准。“玄德”就是前文“含德之厚，比于赤子”的“德”、“修之于身，其德乃真”的“德”、“生而不有，为而不恃，长而不宰”的“德”。懂得识别并区分“以智治国”和“不以智治国”的模式和法则，坚持不以智治国的原则，便可称之为玄德。

“玄德深矣远矣，与物反矣，然后乃至大顺。”“深矣远矣”意为深奥、深远、宏大，需要深厚的基础支撑。“反”有相反之意。玄德所发挥的作用深远宏大，事物的最终结果与暂时的物象表现会截然不同，甚至相反。但玄德的作用周而复始，永不停歇，物象的变化会按照它自身的规律不断更新。如果统治者懂得这些道理，从长远考虑，有所为有所不为，即可顺利地实现大治。比如农民种水稻，一粒谷子入泥，在发芽、生根、长苗、开花、结穗的过程中，德的作用是促其循序渐进，结出更多的新谷子，整个生长过程有它的自然规律。可有的人自作聪明，为了增加产量，或过度密植，或滥用肥料，或不晒田壮苗，或过早地下种，或过迟地收割，其结果都事与愿违、适得其反。因此，人们做任何事情，只有遵循大道，敦厚朴实，从点滴做起，循序渐进，日积月累，才能实现自己的人生目标。在社会生活中，若玩智巧心机，扰民害民，人心就会变得浮躁、阴暗、伪诈起来。伪诈让人感到劳累、困顿、疑惑和忧虑，甚而导致与周围人的关系逐渐恶化，成为心灵上的孤家寡人。如果每个人都一心只为满足自己的欲望，没有共生共荣的理念，没有人人为我、我为人人的思想，则整个社会就会变得虚伪、狡诈和面目可憎。这样的话，生活还有什么乐趣？如果人们想摆脱虚伪的环境，避免与虚伪之人来往，那就必须从自身做起，从小事做起，开诚布公，“勿以善小而不为，勿以恶小而为之”。无论名利或权力的诱惑有多大，都要“知其白，守其黑”，都要保持心灵的自然纯真淳朴本性。只有这样，人们才能真正地返璞归真、悠然自得，享受人生的欢乐；只有这样，社会才能一派祥和、安定繁荣；只有这样，事业才能一帆风顺、水到渠成。

第六十六章

江海所以能为百谷王[1]者，以其善下之，故能为百谷王。是以欲上民，必以言下之；欲先民，必以身后之。是以圣人处上而民不重[2]，处前而民不害。是以天下乐推而不厌。以其不争，故天下莫能与之争。

注释

[1] 百谷王：百川所归附。

[2] 重：累、不堪重负。

【老子说】

大江大海能够成为百川所汇往的地方，是由于它甘居下位，充分展现包容的善意，而成为百川之王。因此，要成为人民的领袖，必须在人民面前表现出充分的谦恭，广泛听取群众的意见；必须先人后己，把个人利益放在人民利益之后。所以，有道的圣人虽然其地位在人民之上，而人民并不感到负担沉重；其权利在人民之前，而人民并不感到受侵害，因此天下人乐意拥戴而不厌弃。因为他不与人民争权夺利，所以天下没有人能和他相争。

【品 读】

在中华文化里，“王”的概念包括王道和王者。王道是大道的一种表现形式，是天、地、人的相互贯通和彼此契合，也指人与人、人与自然所达到的和谐状态，人与自然规律和社会规律相吻合的境界。王者指某些事物的最强者，或者某个领域的统治者，是能够以天、地、人为出发点并能使之达到和谐统一的人或物。本章的“王”可以解释为“归纳或统辖者”。“江海之所以能为百谷王者，以其善下之”，意为江海之所以能受百川朝拜，是因为江海甘居下位，有广纳百川的胸怀，所以百川就自然而然地涌向它，从而成就了大海的浩瀚无垠。“谷”，指山与山之间或者高地与高地之间的水流处，引申为河流。

“是以欲上民，必以言下之；欲先民，必以身后之。”“言”指的是愿望、思想、意见等言词表达方式，意即展现充分的谦虚，广泛听取群众意见。“身”为面对权力和利益的个人行为，意即展现充分的大公无私，把个人权利放在群众权利之后。文中，老子通过统治者与江海进行类比，说明圣人之所以能够安抚万民，主要是因为圣人谦虚谨慎，不耻下问，充分听取群众意见，没有私欲，不计较个人得失，不徇私情，不谋私利。所以圣人就能得到民众的尊敬和拥护。结合老子晚年所处的时代背景：春秋末期，国家制度日趋成型，统治者的地位逐步巩固，但老百姓却无法享有正当的政治权利和经济利益，甚至连最基本的人身安全都得不到保障，而统治者却高高在上，严重脱离群众，即便是普通官员也不会以谦下的言辞和虚心的姿态对待黎民百姓。因此，他劝告统治者，要像古代的圣人那样，关心群众、尊重群众、向群众学习，充分听取群众的意见、建议和要求。“是以圣人处上而民不重，处前而民不害”，意即圣人（识道、守道、循道的统治者）虽然处在社会最高层，并向老百姓征粮纳税，但人民不觉得负担沉重；圣人的生活水平在百姓之上，但人民不会嫉恨或加害他。并且“天下乐推而不厌”。“推”意为推荐、推举。在这里，老子为读者描绘了一幅和谐社会的蓝图：统治者高居宫舍，老百姓没有沉重的负担，感觉不到受压迫受剥削；社会和谐，官民鱼水，国家安宁。“以其不争，故天下莫能与之争。”因为圣人没有个人的欲望，更没有与人相争的胸怀，故能赢得国民的衷心拥戴，天下人都会乐意推荐他为“王”。一个人能够做到这般“无为”，还有什么人可以与他抗衡相争呢？

第六十七章

天下皆谓我大，大而不肖[1]。夫唯不肖，故能大。若肖，久矣其细也夫。我恒有三宝[2]，持而宝之：一曰慈[3]，二曰俭[4]，三曰不敢为天下先。夫慈故能勇[5]，俭故能广[6]；不敢为天下先，故能为成器长[7]。今舍其慈且[8]勇，舍其俭且广，舍其后且先，则死矣。夫慈，以战则胜[9]，以守则固。天将建之，如以慈垣之。

注释

[1]不肖：意为不像具体的事物。一说，没有任何东西和我相似。肖，相似之意。
[2]三宝：三件法宝或三条原则。
[3]慈：仁心关爱的样子。

[4]俭：谦卑、低调、谦虚的样子。

[5]慈故能勇：仁慈所以能勇武。

[6]俭故能广：低调、谦虚能被广为宣传。

[7]器长：器，指公器，如当今社会的省、市、县等政府组织机构。

[8]且：取。

[9]以战则胜：一本作“以阵则亡”。

【老子说】

天下人都说，我所论述的道确实伟大。但道又不像任何具体事物。因为道不像任何具体的事物，所以才伟大。如果道像某一个具体事物，岂不随着时间的流逝会越来越渺小吗？循道有三件法宝：第一是仁爱，第二是谦卑，第三是不把个人欲望置于天下人的愿望之前。有了仁爱，就能充分发挥其才干；有了谦卑，就会被广为传颂；不把个人欲望放在天下人的愿望之前，就能成为国家机器的领导人。现在，舍弃仁爱而追求争强斗狠，舍弃谦卑而追求被人传颂，置大众利益于不顾，把个人欲望放在第一位，其结果必然是自取灭亡！仁爱，用来征战，就能够取得胜利，用来守卫就能保护和巩固家园。上天要让谁有所建树，就用仁爱去保护他。

【品读】

“我恒有三宝，持而宝之：一曰慈，二曰俭，三曰不敢为天下先。”句中“先”字，为价值概念，可与“后”“下”“轻”“少”“小”相对应，有把某个对象的价值和重要性看得高于一切的意思。我所描述和遵循的道，有三大法宝：一是慈，也就是广博的仁爱之心、怜爱之情、同情之心与滋养之念；二是俭，即谦卑，为人处事低调、谦虚、不做广告；三是不敢为天下先，即不敢把个人的利益和欲望置于全天下人的利益和希望之前。换句话说，也就是绝不把自己的利益放在前面，绝不把自己的欲望看作高于天下人的希望；也就是不露锋芒，谦和卑下；也就是六十六章的“以言下之”及“以身后之”；也就是“先天下之忧而忧，后天下之乐而乐”。“三宝”是无为思想的具体内容，是守道循道的具体法则。“慈故能勇，俭故能广，不敢为天下先，故能为成器长。”“勇”，指的是一个人的才干有底气，有明智、刚强、果断的意思。善良仁慈怜爱之人，有一种高尚的责任感，他能够感受到自己与人类社会和自然世界是融为一体的；他有一种先天的使命感、无畏感，无论个人生活中遇到什么烦恼、忧愁、焦虑和畏惧都不会影响这种使命感的发挥；他唯有大爱，无私无欲；他无所畏惧，也就是通常所说的“仁者无敌”。“广”，指圣人的德行影响范围广大、广阔、深远。圣人博爱无私、无我无欲、为人低调、谦虚谨慎，被广为传颂，自然就不会也不敢把个人的意愿置于天下人之先。“故能为成器长”这句话须联系第二十八章“朴散则为器，圣人用之，则为官长”做进一步理解。其意思是说，一个能充分发挥大道三宝能量的人，他就能够成为社会组织中某个机构的领导者或负责人。

“今舍其慈且勇，舍其俭且广，舍其后且先，则死矣。”意即如今那些当官的人，没有仁爱之心、怜爱之情、同情之想与滋养之念；骄傲自满，不关心他人，不尊重他人，高高在上，颐指气使，还为自己广为吹嘘；凡事只为自己考虑，凡事把个人利益和个人意愿放在最前面，定当为人民所唾弃，定当自取灭亡！“夫慈，以战则胜，以守则固，天将建之，如以慈垣之。”那些有着广博的仁爱之心、怜爱之情、同情之想与滋养之念的人，一心为国为民造福，如果不得已而应战，则会得到人民的广泛支持，并能取得胜利，以守护国家的安宁。上天也会让他有所建树，并用仁爱来保护他。

第六十八章

善为士者[1]，不武；善战者，不怒；善胜敌者，弗与[2]；善用人者，为之下。是谓不争之德，是谓用人，是谓配天，古之极[3]也。

注释

[1] 善为士者：士，即仕，这里作将帅理解。
[2] 弗与：意为不争，不正面冲突。
[3] 极：最高的境界，或者准则、标准。

【老子说】

善于指挥打仗的统帅，不逞其勇武；善于上阵杀敌的将军，不轻易被激怒；善于打胜仗的人，不与敌人打胶着战；善于用人的人，对人表示谦下。这叫作不与人争的品德，这叫作运用别人的能力，这叫作与天相配，这符合历史以来守道循道的最高标准或最高境界。

【品读】

“士”意为军队的统帅，或者为统帅当谋士的人。“不武”即不崇尚武力、不奉行发动战争的政策，而以和为贵，通过协商的途径解决问题。善于面对挑战或者展开战斗的人，不会感情用事、暴跳如雷、怒气冲天；善于战胜对手的人，会尽量避免正面冲突的胶着战；善于任用干部或者采纳别人意见的人，会尊重他人，拜他人为师，虚心地向他人请教。春秋末期，诸侯混战，小国被大国兼并，国与国之间的关系非常复杂，甚至剑拔弩张。老子的“四善”主张，是大道赐予的智慧，也是他反对战争的方式方法。在这里，老子不是不赞同国家动武，而是反对好战的思想；反对在外敌来临时只知道暴跳如雷、怒气冲天，胸无良策；反对不从战略层面考虑问题，只注重战术或一时一地的得失。他推崇广泛听取意见，虚心向遵道守道的人请教，虚心向人民群众请教。若这样做的话，“是谓不争之德，是谓用人，是谓配天，古之极也。”“不争之德”指的是捍卫和平、反对战争的道德和勇气；“用人”，即发挥众人或他人的聪明才智，凝聚并发挥众人或他人的力量，也可理解为发动群众、依靠群众，充分发挥人民团结起来的力量。老子认为，在战争中，只有保持头脑清醒、态度冷静，才能制订出周密合理的作战计划；有了周密合理的作战计划，才能避免不必要的损失，最终就能取得预期的效果。善于打仗的人，不需要寸土必争，而是要争取凝聚人心。所以，只有在指挥战争的时候，秉持不争一时高下的态度，才能够掌控全局、操纵战机、进退自如，最终取得胜利。

第六十九章

用兵有言："吾不敢[1]为主，而为客[2]；不敢进寸，而退尺。"是谓行无行[3]，攘无臂[4]，执无兵[5]，乃无敌矣。祸莫大于轻敌，轻敌几丧吾宝。故抗兵相若[6]，哀[7]者胜矣。

注释

[1] 敢：谦词，冒昧的意思，可引申为冒冒失失、任性、随意、贸然之义。

[2] 为客：与主对应，表示被动退守，不得已而应敌。

[3] 行无行：虽然有阵势，却像没有阵势可摆。前一个"行"，读xíng，行动；后一个"行"读háng，行列。

[4] 攘无臂：虽然要奋臂，却像没有臂膀可举。攘，捋起（衣袖）。

[5] 执无兵：虽然有兵器，却像没有兵器可执。兵，兵器。

[6] 抗兵相若：两军相当。

[7] 哀：悯、慈的意思。

【老子说】

用兵之道有这样一种说法："我不要冒冒失失地主动出击，而要采取守势；宁可后退一尺，也不要盲目地前进一寸。"这叫作采取没有攻势的攻势。同时可布下一个迷魂阵：面对敌人，布无阵之阵；要奋臂，像没有臂膀可举一样；有兵器，像没有兵器可以执握一样。这样就所向无敌了。祸患再没有比轻敌更严重的，轻敌就会丧失己方各项有利条件。所以，两军实力相当的时候，胸怀悯惜仁慈，痛恨战争而不急于应战的一方可以取得胜利。

【品 读】

任何时候，人们都痛恨战争，但战争却不会因人们的痛恨而不发生。作为一个识道守道循道的人，应怎样面对战争并取得战争的胜利？老子在第六十八章从战略的角度做了阐述，本章则从战术的层面表达了他的观点。"用兵有言：'吾不敢为主，而为客；不敢进寸，而退尺。'""不敢"意为不能、不应当或者没必要。与"不敢为天下先"的"不敢"意思相近。一般意义上的"不敢"，多指没有胆量、没有勇气，其中略含贬义。《道德经》中"不敢"所构成的是一种虚拟语气，其表达的是一种"有为"的图谋和"无为"的战术，"主""客"关系即发起战争和被迫接受战争的关系。这里的“不敢为主，而为客”，有两个意思：在战略上，不做发起战争的人；在战术上，审时度势，等待机会，不主动出击。“寸”和“尺”是中国几千年以来的长度单位，“尺”为“寸”的十倍。意思是在战机不成熟的时候，宁可退一尺，不可进一寸。从战略层面来看，一个国家的军队，主动出击去侵略别人，其本身在道德上就输给了别人。这是因为主动进攻对方，对方就会为正义而战。这时，受攻方的民众就会因为敌方的侵略行径而感到愤慨，其保家卫国的激情就会空前高涨，这对进攻一方是极为不利的。

老子反对战争，但仅凭他一个人的力量又不可避免战争。既然他不能改变当时的形势，他就阐发自己对战争的观点，即“以退为进”，以此来争取正义战争的胜利。

“是谓行无行，攘无臂，执无兵，乃无敌矣。”句中第一个“行”指的是行动，第二个“行”指的是队列、阵法。前面连续的三个“无”，都是战争中的轻敌思想，意思是要用己方不堪一击的状态迷惑对方，让对方把面对的这支应战部队看作：排兵布阵，没有章法，没有阵势；举臂投枪，软弱无力，没有臂膀一样；战士不多，兵器落后又不足，战斗力不强。如果这样的话，相对方就大祸将临，而己方就所向无敌了。为什么？“祸莫大于轻敌，轻敌几丧吾宝。”这里的“轻敌”就是只看到前文提及的“无”。“宝”意为各种克敌制胜的有利条件。老子的无为思想，不是不作为，而是因应而为，实事求是地开展工作。如果轻敌甚至骄傲，不做好充分的应战准备，一定会招致失败，这是亘古不变的真理。任何骄傲自大和轻视他人的行为，都不合乎道，必然会受到惩罚。“故抗兵相若，哀者胜矣。”“哀者”不是悲哀的人，而是受侵略、受压迫、受压抑、受歧视而奋起反抗的人，是胸怀悯惜仁慈、痛恨战争又有充分思想准备而被迫应战的人。哀者应战，一般会置之死地而后生。即对各种可能的不幸后果都作过周密思考，并为此做好了充分的准备，每个人都有宁愿牺牲自己也要取得战争胜利的誓死决心。因此，在两支部队力量相近的情况下，哀者必胜。所以，统治者要牢守“三宝”，关心民众、尊重民众、依靠民众。面对任何来犯之敌，举全国之力以御，必能取得最后的胜利。

第七十章

吾言甚易知，甚易行；天下莫能知，莫能行。言有宗[1]，事有君[2]。夫唯无知[3]，是以不我知。知我者希，则[4]我者贵。是以圣人被褐[5]而怀玉[6]。

注释

[1] 言有宗：言论有一定的主旨、指导思想。
[2] 事有君：办事有一定的根据。一本“君”作“主”。
[3] 无知：指别人不理解。一说指自己无知。
[4] 则：法则。此处用作动词，意为效法。
[5] 被褐：被，穿着。褐，粗布。
[6] 怀玉：怀，怀里揣着。玉，美玉，此处引申为美好的心灵和美好的思想。

【老子说】

我的话很容易理解，也很容易推行。但是天下竟没有人能理解，没有人去推行。说话应有明确的指导思想，办事应有正确的指导方针。人们不理解这个道理，也就不理解我。能理解我的人很少，能取法于我的人就更难能可贵。因此，有道的圣人就像身穿粗布衣服、怀里揣着美玉的过客，不受人待见。

【品 读】

《道德经》所阐述的观点主要是：对立统一、辩证法、尊重民众、尊重自然、尊重客观规律、清心寡欲、无为而治、有备无患等。可在老子所处的春秋末期，由于历史的局限，普通民众接触不到他的观点，贵族阶层接受不了他的观点。他对道和德的论述确实是“甚易知”和“甚易行”，但很多人利欲熏心，被五色五音五味迷住了感官，不能从欲望中解脱出来，所以“天下莫能知，莫能行”。即便是两千多年后的现代社会，又有多少人懂得个中道理，践行他的思想？其实，唯“言有宗”，才“事有君”。“宗”是宗旨、指导思想的意思，“君”可理解为指针、指南或指挥者。一个人、一个组织或者一个国家，处理任何事情，都得有一个明确的指导思想，有了指导思想，就有了明确的方向和目标。“夫唯无知，是以不我知。”“夫唯无知”一句是针对“吾言”和“言有宗，事有君”而言的，其意思是说，我的哲学观点和“宗”“君”理论，大家不知晓不理解，自然也就不懂得我的良苦用心。结尾“知我者希，则我者贵，是以圣人被褐而怀玉”是老子的真情感叹，是一个得道之人的真实境况。“被褐而怀玉”将一个布道者描绘得栩栩如生。老子说，那些懂得我哲学思想的人是何等的稀少、稀缺啊，能够把我的哲学思想作为行动指南的人真是难能可贵。可惜得道的圣人却像身穿粗布衣服怀揣美玉的过客，总是不受人待见。句中“希”“稀”通用，“则我”是以我的哲学思想作为行动准则的意思。在这里，老子在感慨其知音稀少的同时，对他自己也做了一个形象的评价：在平凡的外表之下，掩盖着一颗冰清玉洁的圣人之心。玉是珍贵的器物，也常常用来喻指一个人美好的品质，老子用玉来比喻他纯洁的内心和不与世俗合污的高洁品质应是自然、恰当、合理的。

第七十一章

知不知[1]，尚[2]矣；不知知[3]，病也。是以圣人之不病也，以其病病[4]也，是以不病。

注释

[1] 知不知：注解家们一般对此句有两种解释，一说知道却不自以为知道，一说知道自己有所不知。

[2] 尚：通“上”。

[3] 不知知：不知道却自以为知道。

[4] 病病：把病当作祸害。

【老子说】

一个人知道自己还有所不知，是上等的聪明；不知道却自以为知道，是犯糊涂的表现。守道循道的圣人之所以不犯糊涂，是因为他把犯糊涂当作祸害，所以他不犯糊涂。

【品 读】

“自知者明”的观点告诉我们，一个人能够认识自己才算高明。所以，我们只有真正做到自知，才不会固执己见、自以为是、不懂装懂。老子说：“知不知，尚矣；不知知，病也。”“知不知”意为知道自己认知的缺陷，或者知识的浅薄和智慧的不足。“不知知”意为自己不知道却自以为知道，把无知当有知，自作聪明。一个人知道自己的无知和不足是上等的聪明，而本来无知或知之甚少，却自以为什么都懂，便是一种病态，就是糊涂。老子的这句话与几乎是同时代的希腊哲学家苏格拉底的“认识自己的无知就是最大的智慧”，与孔子的“知之为知之，不知为不知，是知也”相类似。可见，伟大的思想家所见略同。老子在这里对“不自知”的人作了一番剖析之后，将圣人的“不病”摆在了人们的面前，并以此进行对照。“是以圣人之不病也，以其病病也，是以不病。”这里的“病”不是通常所说的疾病或犯病，应理解为“糊涂”或“犯糊涂”。“病病”二字中，第一个“病”是“把……当作病害”的意思，第二个“病”本指疾病，这里指的是那种自己无知还自以为有知的愚不可及的糊涂。为什么说圣人没有毛病呢？在老子看来，圣人本身不是没有缺点和不足，而是圣人能承认自己的缺点和不足，并努力加以改正，时间久了，他也就没有什么毛病了。这便是老子所说的“不病”。这里的不病还可以理解为心理上、思想上不为外物所蒙蔽，不受利益所诱惑，不犯糊涂。所以，圣人有自知之明，能及时纠正自己的缺点，而不会自以为是、刚愎自用。如第六十六章所说“以言下之”“以身后之”，所以圣人的品德日臻完善，逐渐成为众人学习的楷模。

第七十二章

民不畏威[1]，则大威[2]至。无狎[3]其所居，无厌[4]其所生。夫唯不厌[5]，是以不厌。是以圣人自知不自见[6]，自爱不自贵[7]。故去彼取此[8]。

注释

[1] 威：威慑的意思。
[2] 威：惩罚、危害、祸患的意思。
[3] 狎：亲近而不尊重。
[4] 厌：喜爱而不珍惜。
[5] 不厌：不被珍爱。
[6] 不自见：不自我表现，不自我显示。
[7] 自爱不自贵：指圣人但求自爱而不求自显高贵。
[8] 去彼取此：指舍去“自见”“自贵”，而取“自知”“自爱”。

【老子说】

如果老百姓不畏惧一切惩罚或祸患，那么，可怕的祸患就会来临；如果统治者不关爱民众，横征暴敛，逼得人民不得不背井离乡，不得不放弃大自然赐予的生活资料，这个地方不爱民，民也就不爱这个地方。只有那些守道的圣人明白个中道理，不以自我为中心为所欲为，懂得关爱民众就是珍爱自己，不会为个人的生活享受而劳民伤财。所以，做人要舍弃自见、自贵，保持自知、自爱。

【品 读】

“民不畏威，则大威至。”第一个“威”意为威慑，它包括来自自然的、社会的、身心的惩罚与祸患。第二个“威”指的是一个人或一个政权所面临的惩罚、危害、祸患等威胁或危险。在老子看来，一个人或一个社会的统治者，都应当有敬畏之心，如果没有敬畏之心，这个人或这个社会就可能大祸临头。为什么这么说？人类若不敬畏大自然，乱砍滥伐或大肆捕杀野生动物，大自然就会以洪灾、瘟疫等形式报复人类；一个人若不敬畏病患和死亡，暴饮暴食或透支体力，就会影响自己的身体健康，可能一病不起；一个社会若不敬畏百姓，横征暴敛，肆意妄为，老百姓就会起来造反，这个社会的统治者就可能岌岌可危。

“无狎其所居，无厌其所生。”“狎”，原意为亲近而不尊重，这里引申为任意地、肆无忌惮地侵犯甚至破坏。“厌”意为喜爱而不珍惜。这句话的意思是，如果统治者出于个人目的，为所欲为、巧取豪夺，令百姓居无定所、衣食无着，老百姓就不可能珍惜现有的生存和生活条件，就会随时放弃所在的生活国度。“生”指所在的生活国度。这句话应是老子向统治者提出的警告，警告他们要好自为之，不能为所欲为、作威作福。民以生为本，生以食为天，如果一个地方的人民，饥不择食、居无定所，连最起码的生计都难以维持，还会惧怕什么律法威严吗？这样发展下去，偷盗抢劫，聚众造反，社会动荡也就成为必然的现象。“夫唯不厌，是以不厌。”意思是统治者不珍惜不关爱老百姓，老百姓自然也就不关心不珍惜这个生于斯长于斯的地方，一切破坏活动的发生、其统治者的倾覆也就不足为奇了（同样的道理，一个人若看不到健康的重要性，不爱惜自己的身体，病患缠身甚至一病不起也就不足为奇了）。“是以圣人自知不自见，自爱不自贵。故去彼取此。”“自知”与“自见”相对立，它与第三十三章的“自知者明”的“自知”相同。它是对自己的言行和恩威举措有一种全面准确的认知。一个人如果作了恶，他可以欺骗别人，但是无法蒙骗自己。所以，这里的“知”，有“良知”的意蕴。因此，这个自知也是对自己良心和良知的认同。“自见”指的是以自我为中心的认知、见解和观念，这既不客观，又不公正，更不准确。这种人的心中只有自己，没有他人、没有世界、没有真理，他们的逻辑是“我说正确就正确，我说应该就应该，我说怎样就怎样”。“自爱”是“自知”的行动结果，是对自己的良心、良知的认同，是对基于客观事实和真理的执着和热爱。“自贵”是基于主观的、不切实际的、以自我为中心的，对我行我素的认同、执着和偏爱，是因为其位高权重而炫耀自己、宣传自己、迷恋自己（或者年轻时身体强壮而放纵自己）。这样的人不懂得无为，只知道为所欲为，甚至发展到骄奢淫逸、恣意妄为，堕落成为压迫民众的暴徒。“故去彼取此”，所以为人要做到不自见、不自贵，而要自知、自爱。

第七十三章

勇于敢者则杀，勇于不敢者则活[1]。此两者，或利或害[2]。天之所恶，孰知其故？天之道[3]，不争而善胜，不言而善应，不召而自来，坦然而善谋。天网恢恢[4]，疏而不失[5]。

注释

[1] 勇于敢者则杀，勇于不敢者则活：勇于敢，即只凭勇气往前冲。勇于不敢，则在前进的路上，审时度势，灵活处置。

[2] 或利或害：勇于审时度势，灵活处置则有利，只凭勇气往前冲则受害。

[3] 天之道：指自然的规律。

[4] 天网恢恢：天网指自然的范围，恢恢指宽广无边。

[5] 疏而不失：虽然宽疏但并不漏失。

【老子说】

一个人只凭勇气往前冲就可能会导致失败和死亡，而勇于审时度势，灵活处置就可能会求得生机或取得胜利。这两种勇的结果，或者能得利，或者被受害。上天厌恶什么，喜欢什么，怎么能知道其缘故？自然的法则通常表现为，不去硬拼却善于取胜，不言不语却善于因应，不去召唤而自动出来，淡然面对一切就能善于安排筹划。大道就像一张天网，自然广泛，开阔无边，疏密有致，没有漏洞。

【品 读】

“勇于敢者则杀，勇于不敢者则活。”“敢”的本意为塞耳不闻地鞭策前进，在这里可以延伸理解为不计后果的鲁莽行为。鲁莽是人的一种性格缺陷，有这种性格缺陷的人，其行为往往容易受人摆布而不计自身的后果，或者在遇到困难或问题时，只考虑有利的一面，不考虑危害的后果。一个人若只凭勇气，勇敢到什么都敢做的时候，就会招来杀身之祸或招致失败；一个人若在有勇气的同时，又能沉着冷静地分析，审时度势，有所为有所不为，就能突破难关并取得胜利，或保全自己的性命或权利。“此两者，或利或害。天之所恶，孰知其故？”“勇于敢”和“勇于不敢”这两种行为同样是勇，但因为它们的前提不同，导致的结果也就有天壤之别。自然无为，是老子思想体系的核心，前面的章节中他多次阐释了无为的内涵。这一章则把无为提升到了生死存亡的高度。因此，“勇于敢”和“勇于不敢”这句话，也可以理解为勇于“为”和勇于“无为”。“勇于敢”是恣意妄为，它违背自然之道，其行为会遭受惩罚，导致失败。与此相反，“勇于不敢”则是顺应自然之道，有所为有所不为。这样的人可以保全性命，并取得最后的胜利。

“天之道. 不争而善胜，不言而善应，不召而自来，坦然而善谋。”大自然的运行法则或规律是，不与大道抗争，就能取得成功。大道不言，能得到世间万物的回应，不向大道召唤，春夏秋冬会自动到来。宽缓从容，顺应时势，就能有良好的谋篇布局。对此，我们不妨审视一下我们生活的自然界：春天来了，万物苏醒；沐浴阳光雨露，种子发芽生根开花结果。日出日落，春夏秋冬，都不是应人或其他动植物的要求而来的。也就是说，自然界无欲无求却赢得了万物的归顺和爱戴。我们人类为什么要执意去争？那是因为绝大部分人有私欲。人们一旦有了私欲，就会为满足自己的私欲而与他人、与大自然争夺不已。人在满足欲望的过程中显示出的“勇敢”，逆理而谋，逆时而为，逆向而动，显然违背天道，其结果必然是失败。“天网恢恢，疏而不失。”意思是说，大道就好像一张无形的巨网，世间万事万物都在网中，世间万事万物都受道的管控，不可能有任何例外。

第七十四章

若民恒且不畏死，奈何以杀惧之也？若民恒且畏死，则为奇[1]者，吾将得而杀之，夫孰敢矣？若民恒且必畏死，则恒有司杀者。夫代司杀者[2]杀，是代大匠斫[3]也。夫代大匠斫者，希不伤其手矣。

注释

[1] 为奇：为邪作恶的人。奇，奇诡、诡异。
[2] 代司杀者：代替专管杀人的人。
[3] 斫：砍、削。

【老子说】

如果人民总是不畏惧死亡，怎能用死亡来吓唬他们呢？假如要使人民长期畏惧死亡，对那些为非作歹的人，就应该把他抓起来杀掉。这样的话，谁还敢为非作歹？如果人民确实总是怕死，那么社会总是需要专业执法队伍去执行杀人的任务。倘若随便找个人代替执法者去执法，如同随便找个人代替高明的木匠去砍树。那些代替高明的木匠去砍树的人，很少有不砍伤自己手的啊。

【品读】

老子认为生杀大权属于大道和天地，只有替天行道的人才可以使用。他反对滥刑、重刑，尤其反对以滥取人命的方式来维持社会秩序。如果一个社会滥用“杀”权，或者某个统治者滥用“杀”权，它（他）自己也将受到大道的惩罚。

“若民恒且不畏死，奈何以杀惧之也？”一个社会如果推行暴政，老百姓自然会起来造反。哪怕是统治者处以极刑，杀一人、杀一百人、杀一万人，老百姓也不会惧于镇压而听任不义与暴政的存在，这种状态是很自然的。所以，一旦人民不再畏惧死亡，这个国家的严刑峻法也就无法发挥作用，或者说它不再有威慑力。面对汹涌而来的反抗，统治者也就无可奈何。而那些作奸犯科之徒就更加肆无忌惮，社会秩序势必更加混乱，其所在区域的统治者也必将面临被推翻的危险。

老子痛恨那个时代的社会动荡不安，痛恨统治者昏庸无道，痛恨对老百姓施行苛政，痛恨视老百姓生命如草芥的行为。在民众看来，如果生是痛苦的，死倒是一种最好的解脱，所以他们也就不惧怕死亡。对于不怕死的人来说，以死相威胁还有什么意义？所以，老子才提出了“若民恒且不畏死，奈何以杀惧之也”的质问。

“若民恒且畏死，则为奇者，吾将得而杀之，夫孰敢矣？”其中，“民”与“为奇者”的区别在于，“民”指的是普通民众，“为奇者”指的是民众中不安分守己的作奸犯科之徒。句中，老子紧接上文的“民恒且不畏死”，提出了相反的假设：如果要人民畏惧死亡，那么统治者就应当依法惩处那些作奸犯科的人，这样的话，以后谁还敢肆意妄为？老子一向提倡仁慈、反对战争，更不提倡杀人，但他不反对替天行道、惩恶扬善。对那些胡作非为、作奸犯科的不法之徒，有人替天行道、杀一儆百，谁还敢不安分守己？这样才能使国家安定、人民生活幸福。

因此，只要统治者以人民的利益为重，使人民丰衣足食、居有定所、寓有安全，人民自然会珍惜自己的生命，自然不会再去冒险和“为非作歹”。人民安分守己，天下就会太平。他奉劝统治者珍惜每一个人的生命，不要滥施刑罚，并向世人宣传道德、法律和制度的重要性，所以他接着说，“夫代司杀者杀，是代大匠斫也。夫代大匠斫者，希不伤其手矣。”这句话更是老子针对社会秩序混乱的情况而向统治者提出的忠告。其意思是，要推行法治，制定并坚持相对稳定的法律制度，设立专门的机构，安排专业的人员，按照专业的程序，对那些不法之徒执行惩罚。任何国家都必须实行法治，不能实行人治。如果实行人治的话，就无异于叫一个普通人代替木匠师傅去砍树。而这个人既不识树，又不会砍树，自然难免会伤及他的手。如此一来，自然会危害国家。

第七十五章

民之饥，以其上食税之多，是以饥；民之难治，以其上之有为[1]，是以难治；民之轻死，以其上求生[2]之厚，是以轻死。夫唯无以生为者，是贤于贵生。

注释

[1] 有为：有为所欲为的理论和行动。
[2] 求生：这里指生活享受和追求。

【老子说】

人民生活窘迫，遭受饥荒，是统治者享受的赋税太多太重，所以民不聊生，陷于饥饿；人民之所以难于统治，是由于统治者为了满足自身欲望和统治阶级的利益而为所欲为，政令严苛，人民不堪重负，所以人民就起来造反，难于统治；人民之所以不把自己的生命当作一回事，是由于统治者贪得无厌，为所欲为，狂征暴敛，把民脂民膏都搜刮净了。人民为了过上应有的生活，为了不被饿死，自然把生死置之度外。由此可见，不去追求骄奢淫逸的生活享受者，比追求生活享受的人好得多、高尚得多，对社会的好处大得多。

【品读】

统治者和被统治者是一对矛盾体。“无为”，是一个大道理、大法则，在社会层面，包括不搞苛捐杂税、不搞烦琐的法令、收敛统治阶级的私欲等一系列内容。如果统治者以人民的利益为重，人民就会生活富足，国家就会太平安定，其统治地位自然也就稳固。与此相反，如果统治者不以人民利益为重，只求自身安逸，不顾人民死活，人民就会不顾一切地起来反抗。而统治者为了巩固自己的统治，便会采用一些镇压百姓的手段，则这个国家就会逐步走向衰亡。

“民之饥，以其上食税之多，是以饥。”统治者征收赋税过多，人民被压榨得喘不过气来，故而忍饥挨饿。“民之难治，以其上之有为，是以难治。”统治者“有为”，即谋以私为，为所欲为，甚至肆意妄为，所以难以统治。这里的“治”也可以理解为一个政治概念，意为人人各得其所、各显其能、各遂其愿，相互合作、和睦相处、没有矛盾的和谐稳定状态。“难治”就是难以达到“治”的这种状态。

“民之轻死，以其上求生之厚，是以轻死。”“轻死”，是不把死亡当一回事，一点也不畏惧死亡的威胁。从消极的意义上说，轻视生死是一种铤而走险的行为，这种行为对于整个社会和整个世界，都是悲剧性的、破坏性的。从积极的意义上说，轻视死亡是一种与邪恶势力作斗争的正义行为，是建设性的，是可歌可泣的。“求生之厚”有两层递进的意思：一是把满足自身生活的需要或延长自己的生命看得很重；二是为满足个人生活的需要或维持自己生命不惜耗费再多的财力、人力和物力。生命对于每个人都只有一次，都是极其宝贵、极其珍惜的。只有在他感觉到生不如死时，才会为了生存，冒着被处死的危险也要采取必要的措施。在这里，老子对“民之轻死”的原因还进一步做了分析，他说统治者过于注重自身的安逸和享受，强行占有和利用大量的物质财富，导致普通民众缺衣少食，生命无以为继，不得不为求基本的温饱，冒着丢掉性命的危险去铤而走险。

“夫唯无以生为者，是贤于贵生。”“无以生为”是没有“求生之厚”的作为。意思是凡属不追求厚养统治者的措施都要比“有为”的“贵生”好得多。也就是不追求统治阶级的特殊利益，让民众生活自然、安稳、富足比厚养统治者的生命更重要、更必要、更有意义。

第七十六章

人之生也柔弱[1]，其死也坚强[2]；草木[3]之生也柔脆[4]，其死也枯槁[5]。故曰坚强者死之徒[6]，柔弱者生之徒[7]。是以兵强则灭，木强则折[8]。强大处下，柔弱处上。

注释

[1] 柔弱：指人活着的时候身体是柔软的。

[2] 坚强：指人死了以后身体就变成僵硬的了。

[3] 草木：一本在此之前有“万物”二字。

[4] 柔脆：指草木形质的柔软脆弱。

[5] 槁：干枯。

[6] 死之徒：属于死亡的一类。徒，类的意思。

[7] 生之徒：属于生存的一类。

[8] 兵强则灭，木强则折：一本作“兵强则不胜，木强则兵”。

【老子说】

人活着的时候身体柔软，死了以后身体僵硬；草木生长时，柔软脆弱有弹性，死后就干枯僵直无张力。所以坚强的东西属于死亡的一类，柔弱的东西属于有生命的一类。一个国家或一个人，耀武扬威，恃强凌弱就会遭到灭亡，树木高大坚强就会遭到砍伐或摧折。因此，凡是强大的，处于下位；凡是柔弱的，居于上位。

【品 读】

老子从人和植物的生死状态来说明柔弱胜刚强的道理，既浅显明了，又形象生动，还具有深远的意义。

人活着的时候，身体柔韧，活动自如，行动自便。人死以后，身体就变得僵硬强直，皮囊一具，任人摆布。同时，只要是有生命的东西，万物草木，概莫如此。有生命的时候可伸可屈，生机盎然，死后就变得干枯残败，或坚硬僵直。

“故曰坚强者死之徒，柔弱者生之徒。”因此，坚强的东西属于没有生命力的一类，而柔弱的东西则属于有生命力的一类。“是以兵强则灭，木强则折。强大处下，柔弱处上。”所以，那些到处逞强、挑起战争、无恶不作的军队，必然灭亡。那些又高又大的树木必然被折断。具有强大生命力的东西，居于下位，而柔弱脆嫩的东西则居于上位。比如自然界的树蔸树尖、建筑物的屋脚屋顶。同样的道理，一个组织、一个政权，只要与最底层的人民群众结合在一起，与人民群众心连心，就能不断地发展壮大。在处理国与国之间的关系时，一个国家也要摆正自己的位置，不可一意孤行，不可恃强凌弱，而要坚持独立自主的外交原则，和平共处，团结世界上一切爱好和平的人们，“构建人类命运共同体”。否则，就会很快地走向灭亡。这是“故曰坚强者死之徒”的道理，也是大道运行的必然结果。

第七十七章

天之道，其犹张弓与？高者抑之，下者举之；有余者损之，不足者补之。天之道，损有余而补不足；人之道[1]则不然，损不足以奉有余。孰能有余以奉天下？唯有道者。是以圣人为而不恃，功成而不处，其不欲见贤邪[2]？

注释

[1] 人之道：指人类社会的一般法则、律例。

[2] 是以圣人为而不恃，功成而不处，其不欲见贤邪：陈鼓应先生认为这三句与上文不连贯，疑为错简复出。但马王堆汉墓出土的帛书亦如是，此处仍予保留。

【老子说】

大自然的运行法则，不就像张弓射箭一样吗？弦拉高了把它压低一些，拉低了把它举高一些，拉得过满时把它放松一些，拉得不足时把它拉满一些。大自然的运行法则，减少多余的，补充不足的。反观人类社会发展的规律，却是夺取生活资料不足者的财富，去满足生活资料富足有余的人们。那么，谁能把富余的财富取出来，供天下人共享？只有那些懂得并遵循自然之道的圣人。圣人处世，有作为而不自恃其能，有成就而不居功自傲，他是不愿意标榜自己的贤能吧？

【品 读】

“天之道，其犹张弓与？高者抑之，下者举之；有余者损之，不足者补之。”句中“抑”“举”“损”“补”，指的是为实现整体和谐而采取的一些协调举动。高、下、有余、不足显然是一种不协调的状态。老子将天之道与人之道做比较，突出天之道的和谐与人之道的蛮横，从而得出人之道要效仿天之道的结论。在阐述天之道的时候，老子把天之道比作人们张弓射箭的行为。人们张开弓箭的目的是为了射捕猎物，所以箭头的方向要随着猎物的移动而改变，高了压低它，低了抬高它；张力过大就减少一些，张力不足就加大一些。

“天之道，损有余而补不足”即天道的运行法则与人们捕猎射箭的法则相类似，那就是瞄准不高不低，用力不大不小，恰到好处。而“人之道则不然，损不足以奉有余”。而那时的人类社会，统治者所推行的治理法则、理政措施是“损不足以奉有余”。人之道与天之道截然相反。老百姓的生活本来就不够富足，而统治者还要通过名目繁多的赋税来剥夺他们的生活资料。老子认为，人之道是造成天下贫富不均、老百姓权利地位不平等的根源。他希望有人出来替天行道，损有余而补不足，把自己的财富和智慧贡献给社会，从而实现人人平等、人心安定、社会稳定、天下太平的人类愿景。“孰能有余以奉天下？”谁能够做到把自己的财富和智慧贡献给社会？“唯有道者”。即只有那些识道守道循道的人啊！有道之人会把自己多余的衣物、粮食和财物拿出来奉献给贫穷的人，会把自己的智慧和能力贡献给全社会。

“是以圣人为而不恃，功成而不处，其不欲见贤邪？”“为”指的是圣人的行动。这种行动对于人类，与天道对于自然界的活动是一样的，就是使人与人的活动协调得和谐统一，并且是超越个人意识的自由举动。圣人的这种自由举动，既不是依仗他的才，也不是依仗他的德，而只是充分发挥大道赋予他的能量。一旦实现了“损有余而补不足”的愿景，他也“功成而不处”。即没有成就感，没有荣誉感，更没有感到自己有什么与众不同的贡献。所以，“其不欲见贤”。即有道者不会去追求比常人更好的社会评价、更为优越的生活条件或政治待遇。换句话说，他依然与人民群众打成一片，荣辱与共，甘苦同当。绝不炫耀，绝不居功自傲，而始终保持谦和、恭谨的德行。

第七十八章

天下莫柔弱于水，而攻坚强者莫之能胜，以其无以易之[1]。弱之胜强，柔之胜刚，天下莫不知，莫能行。是以圣人云：“受国之垢[2]，是谓社稷主；受国不祥[3]，是为天下王。”正言若反[4]。

注释

[1] 无以易之：没有什么能够代替它。易，替代、取代。
[2] 受国之垢：承受全国的屈辱。垢，屈辱。
[3] 受国不祥：承受全国的祸患与灾难。不祥，灾难，祸害。
[4] 正言若反：正面的言论要从反面去分析。

【老子说】

自然界没有任何东西比水更柔顺更软弱，但攻坚克强却没有什么东西可以胜过水的。水的性状，没有任何东西可以代替。弱可胜强，柔可克刚，天下无人不知，但就是没有人去那样做。所以，圣人说："承受得住来自国内外的污辱，才能成为国家的君主；承受得住来自国内外的天灾人祸，才能成为天下的君王。"面对来自正面的言论要从反面去思考和分析；面对来自反面的言论要从正面去分析和思考。

【品 读】

"天下莫柔弱于水，而攻坚强者莫之能胜，以其无以易之。"在前面的章节里，老子曾经介绍过水的特性，如柔弱、顺畅、坚韧、顺势而为、甘居下位等。在老子看来，天下的事物没有比水更柔弱的了，然而它却是最坚强的，所以没有事物可以超过它的强悍。"莫之能胜"与"莫能胜之"，意思相同，但前者气魄足些、语气重些、音色美些，故古人常用。

"弱之胜强，柔之胜刚，天下莫不知，莫能行。"柔弱胜刚强的道理，天下人没有不知道、不懂得的，但却没有人去真正地践行。一个人脱胎之后，本能地争食、争宠，长大以后，现实社会的不平等，更加激发了这种本能，凡事争先争强。然而，真正的强者是不争的。如果一味争强好胜，就不会像水那样甘居下位、温顺坚韧，那么也就不算是真正的强者了。“是以圣人云：‘受国之垢，是谓社稷主；受国不祥，是为天下王。’”“受”，能够接受或承担的意思。“垢”的本意为污辱、耻辱，这里可理解为来自外国的侵略、霸凌，或来自国内的指责谩骂。“不祥”泛指天灾人祸。老子借用圣人的话来说明一邦或一国之主应具备的品德，那就是像水那样能包容一切，能忍辱负重，为了国家的未来和人民的福祉，能够承受得住来自国内外的污辱和大自然发生的灾害。所以，只有做到不以自己的荣辱为荣辱的人，为了国家不惜牺牲一切的人，面对各种自然灾害处变不惊的人，才能配得上称为一国之君或天下之王。

文章以“正言若反”结尾，是老子对《道德经》中相反相成的话语之高度概括，是对世俗认知的精辟见解。因为通常情况下，人们只看到事物的表面现象，人们所说的、所认定或否定的东西，其结果恰恰与事实相反。他告诉人们，要用辩证法的思想去认识问题、分析问题和解决问题。

第七十九章

和[1]大怨，必有余怨，安可以为善？是以圣人执左契[2]，而不以责于人[3]。故有德司契，无德司彻[4]。夫天道无亲[5]，常与善人。

注释

[1] 和：做调和、和解的工作。

[2] 左契：左为阳，为公开，为正道。契，即契约、规章、制度。

[3] 责于人：即把职责交给某一个人。责，职责、责任。

[4] 司彻：做征管税收之类的工作。彻，商周时期的一种租赋制度。即奴隶制国家从分封给奴隶主贵族的公田收获中征收十分之一的田税。

[5] 无亲：没有偏亲偏爱。

【老子说】

处理重大矛盾，化解深重的怨恨，难免会留下残余的积怨，怎能算是布德为善？因此，有道的圣人通过制定并推行法令和规章制度，实行法治，而不实行人治。有德之人，用法律法规管事。无德之人就事论事，只要求做些纳税、征粮的工作。大道对任何人都没有偏爱，但永远都只会和善于守道、循道的人紧密结合在一起。

【品 读】

这一章的前提应是有人在向老子提问：统治者与被统治者势不两立，积怨深重，怎样化解呢？是给予被统治者一些好处就可以了吗？老子从四个方面做了回答。他旨在说明一个道理：“大智治制，小智治事。”

一、“和大怨，必有余怨，安可以为善？”“大怨”意为深刻重大的冤仇，即统治者与被统治者或人与人之间结下的深仇大恨，“余怨”指的是难以消除的长年累月沉积于心底的怨恨。采取和稀泥的办法不能从根本上解决问题，仍然会留有许多矛盾和怨恨。这怎么能改善社会的治理状况呢？

二、“是以圣人执左契，而不以责于人。”“左契”即契约或债权凭证的左半部分，为债权人持有，它是债权人向债务人索债的凭证。这里引申为法律法令、规章制度等，执左契，即把相关的法律法规公之于众，让老百姓知道什么可为，什么不可为。而不是把这个认可或许可的职责交给个人。无论什么时候遇到什么问题，都就事论事，认理不认人，认法不认情，依法依规处事。

三、“故有德司契，无德司彻。”那些有德的统治者，就会想方设法不断完善相关的法律法规和规章制度，而那些无德的统治者，就只知道根据耕地的面积多少，强行征收税赋和粮租，导致官民对立，水火不容。

四、“夫天道无亲，常与善人。”天道对于任何人都公平，没有亲疏，但永远都是被善于守道、循道的人所把握，并帮助善于守道、循道的人实现大治。

老子所处的那个时代，统治者为了满足私欲，不惜穷兵黩武，发动大规模的兼并战争，致使人民群众流离失所。同时，他们还向人民收取大量的赋税，使人民深受其苦，不堪重负。统治者与被统治者之间的矛盾不断激化，民怨沸腾。为了稳定民心，统治者想通过采取一些小恩小惠的措施来和解、消除“大怨”。而“和大怨，必有余怨”，因为统治者与人民之间的矛盾已经到了不可调和的地步。要想使“余怨”彻底消除，统治者就得摒除自己的私念，克制自己的欲望，从“有为”的追求中解脱出来。顺应大道，制定并不断完善相应的法律法规和制度，实行“无为而治”。

第八十章

小国寡民[1]。使[2]有什伯[3]之器而不用；使民重死[4]而不远徙[5]；虽有舟舆，无所[6]乘之；虽有甲兵[7]，无所陈[8]之；使民复结绳[9]而用之。甘其食，美其服，安其居，乐其俗。邻国相望，鸡犬之声相闻，民至老死不相往来。

注释

[1] 小国寡民：国小人少。
[2] 使：即使。
[3] 什伯：意为极多，多种多样。
[4] 重死：尊重生老病死这个人生的规律。
[5] 徙：迁移、远走。
[6] 所：适当的地方、处所或位置。
[7] 甲兵：武器装备。
[8] 陈：陈列。此句引申为布阵打仗。

[9] 结绳：文字产生以前，人们以结绳记事。

【老子说】

管辖区域较小的国家，民众较少。百姓中有很多能担任领导职务的人都没有必要派上用场；那里的人民尊重生老病死的规律，不必向远方迁徙；虽然有船只车辆，没有必要乘坐它；虽然有军队和武器，没有必要去做打仗的准备；人民感觉好像回到了远古结绳记事的社会。人民吃得香甜、穿得漂亮、住得安逸、风俗和乐。国与国之间互相望得见，连彼此之间的鸡犬鸣叫也都听得见，但从不发生矛盾，民众从生到死，互无纠葛。

【品 读】

这一章是老子设计的一个“理想国”模式：国家不大，人口不多，没有战争，没有迁徙，人民安居乐业，不用智巧，自得其乐。

“小国寡民。使有什伯之器而不用。”“什佰”为古代社会基层建制的统称。什，十人，是由十个人或十户组成的社会单位。佰，百人，是由一百个人或一百户组成的社会单位。“器”即“器长”，即有能力担任基层领导职务的人。其文意是，即使有许多能担任大小领导职务的人，都没有必要去委以管治的责任。“使民重死而不远徙”，“重死”即不轻死，也就是尊重生命、尊重生老病死的规律。人民安居乐业，没必要奔波劳碌、迁徙远方。“虽有舟舆，无所乘之；虽有甲兵，无所陈之。”虽然有车有船，但老百姓没有必要去乘坐，虽然有军队和武器，但没有必要去做打仗的准备。“使民复结绳而用之。”人民好像回到了结绳记事的远古社会，那就是“甘其食，美其服，安其居，乐其俗。邻国相望，鸡犬之声相闻，民至老死不相往来”。“俗”，指的是全部现实的生活方式，它是人类社会政治、道德、法律、经济、社会、文化和生活习惯的总和。在这里，老子构想了他心目中理想的社会场景：国家规模很小，就像一个安静的村落；国中的百姓也很少，统治者无为而治、清心寡欲，从不把自己的意志强加到人民的身上，政治开明、经济繁荣、社会和谐；人们享用着甘甜美味的食物，穿着华美舒适的衣服，住着安稳适宜的居所；人人沐浴在令人愉悦的社会风气之中。

老子所处的时代，压迫、贫穷、饥饿、荒淫、贪婪、战争是常态。面对这样一个时代，老子为人们设计出上述“理想国”的模式，这是老子的社会理想。其“老死不相往来”，既不现实，也不可能，更无必要。如果理解为没有争斗、侵占、掠夺、伤害、利益输送等往来行为，大概是老子的本意，因为其前提是“使有什伯之器而不用”。

第八十一章

信言[1]不美，美言不信。善者[4]不辩[3]，辩者不善。知者不博[4]，博者不知。圣人不积[5]，既以为人[6]己愈有，既以与人[7]己愈多。故天之道，利而不害；人之道，为而弗争。

注释

[1] 信言：值得信赖的话。

[2] 善者：言语行为善良的人。

[3] 辩：巧辩，能说会道。

[4] 博：广博、渊博。

[5] 圣人不积：圣人不自私，没有占有的欲望。

[6] 既以为人：任用自己的智慧帮助别人。

[7] 既以与人：利用自己的财富接济别人。

【老子说】

值得信赖的话不一定好听好受，好听好受的话不一定值得信赖。善于识道、守道的人不一定能说会道，能说会道的人不一定善于识道、守道。得道的智者不一定知识渊博，知识渊博的人不一定是得道的智者。圣人无私，无占有之心，能够任用自己的智慧帮助别人，他会在奉献中增长才干；能够利用自己的财富接济别人，他会感到增加了财富的使用价值。大自然的运行规律，是让万事万物都得到好处，而不伤害它们。圣人的处世原则，是顺道而为，为社会多作贡献，切实做好应做的工作，不与别人相争。

【品 读】

“信言不美，美言不信。善者不辩，辩者不善。”“美”，不是一般意义上的好和善，而是指华而不实。“美言”，是指以花言巧语取悦于人，骗取他人信赖。真正值得信赖的言语，朴实无华，一语中的，闻者不一定好受；而那些花言巧语的人，讲得再多再美再动听，也不值得信赖。善于识道、守道、循道的人，不会与人争论是非，他们虽然在行为上表现得木讷、愚钝，既不善于评论别人，也不善于为自己争辩，但是他们的心灵却清澈如水。因此，有一种人，虽然不善于争辩，但他是诚实可信的，是善于识道、守道、循道的。而那些口若悬河，一心只为自己争辩的人，是丑陋的，是不可信的，属不善于识道、不守道、不循道的人。

“知者不博，博者不知。”“博”是广博的意思。相对于“知”的精深而言，“博”就是广而浅。老子在这里强调的是对道的把握（真知）与多闻（广博）的辩证关系。多见多闻并不能真正地明白道，而明白道的人也不一定有广博的真知灼见。

“圣人不积，既以为人己愈有，既以与人己愈多。”“不积”指不为个人目的去积累经验、能力、能量和财富。“为人”，即为他人，为社会，为天下，为了人类的共同幸福。这句话应理解为，有道的圣人在社会事业的建设中，贡献自己的能力、能量和知识越多，就越能不自觉地为自己积累更多的知识、能力和能量，为别人为社会利益考虑得多、付出得多，就越是为自己创造和积累了巨大的精神财富和深厚的群众基础。可见，一个人要达到圣人的境界，就要做到忘我、舍我、无我，并不懈努力，不断提高自己的能力和能量，同时还要体认到“天之道，利而不害；人之道，为而弗争”。大自然的运行法则，对于万物的生长繁育，不分类别，不分大小，不分强弱，不分高低，不分愚智，它都提供适宜的环境和条件，而不会危害任何事物。人类社会的发展规律自然也应该如是。人人对社会都应作出应有的努力和贡献，而不要为了什么名利、财富和权势去互相争斗，更不要去发动战争。世界上美好的事物都是大道赐予人类的礼物，对这些礼物人们都有尽情享受的权利，人人平等。而对于识道、守道、循道的圣人来说，就更应该效法大道，做好自己的工作，不与任何人争功争名争权，尽量为社会多作贡献。

图书在版编目（CIP）数据

老子在讲什么 / 喻鹏飞著．—长沙：湖南人民出版社，2022.10
ISBN 978-7-5561-3062-7

Ⅰ．①老…　Ⅱ．①喻…　Ⅲ．①《道德经》—通俗读物　Ⅳ．①B223.1-49

中国版本图书馆CIP数据核字（2022）第175647号

老子在讲什么
LAOZI ZAI JIANG SHENME

著　　者：喻鹏飞
出版统筹：陈　实
监　　制：傅钦伟
产品经理：田　野
责任编辑：田　野
责任校对：陈卫平
装帧设计：谢俊平

出版发行：湖南人民出版社［http://www.hnppp.com］
地　　址：长沙市营盘东路3号　　邮　　编：410005　　电　　话：0731-82683313

印　　刷：湖南关山美印有限公司
版　　次：2022年10月第1版　　印　　次：2022年10月第1次印刷
开　　本：880 mm × 1230 mm　1/32　　印　　张：10
字　　数：200千字
书　　号：ISBN 978-7-5561-3062-7
定　　价：49.80元

营销电话：0731-82683348（如发现印装质量问题请与出版社调换）